2021 年广东省高等职业教育教学改革研究与实践项目"高职英语混合式教学中基于思辨能力培养的 POA 实践研究"（编号：GDJG2021004）

高职英语课程教学与思辨能力培养研究

陈培珊 ◎ 著

吉林人民出版社

图书在版编目 (CIP) 数据

高职英语课程教学与思辨能力培养研究 / 陈培珊著
. -- 长春 : 吉林人民出版社 , 2023.11
ISBN 978-7-206-20316-9

Ⅰ . ①高… Ⅱ . ①陈… Ⅲ . ①英语 – 教学研究 – 高等
职业教育 Ⅳ . ① H319.3

中国国家版本馆 CIP 数据核字 (2023) 第 236161 号

高职英语课程教学与思辨能力培养研究
GAOZHI YINGYU KECHENG JIAOXUE YU SIBIAN NENGLI PEIYANG YANJIU

著　　者：陈培珊
责任编辑：李　爽　　　　　　　　　封面设计：李彦伟
吉林人民出版社出版 发行（长春市人民大街 7548 号）　邮政编码：130022
印　　刷：河北万卷印刷有限公司
开　　本：710mm×1000mm　　　　　1/16
印　　张：13.75　　　　　　　　　字　　数：200 千字
标准书号：ISBN 978-7-206-20316-9
版　　次：2023 年 11 月第 1 版　　　印　　次：2024 年 1 月第 1 次印刷
定　　价：88.00 元

如发现印装质量问题，影响阅读，请与出版社联系调换。

　　思辨能力是个体在分析、评估和解决问题过程中展现的一种高级智力,在高职英语课程教学中培养学生的思辨能力,对于高职学生的未来发展具有重要意义。

　　本书一共分为八章,主要探讨如何在高职英语课程教学中有效培养学生的思辨能力。第一章,对英语课程教学的概念、内容、方法和评价进行梳理。第二章对思辨思想的产生、发展、理论模型、影响因素等进行阐述。第三章深入分析在高职英语课程教学中培养学生思辨能力的必要性。第四章针对英语课程中学生思辨能力的培养,提出一系列策略,包括转变教学理念、改进教学方法、创新课程设置、发挥教师作用等。第五章至第八章具体分析了英语知识教学、技能教学、文化教学以及 ESP(专门用途英语)教学在学生思辨能力培养方面的实践探索。在这些领域,笔者提出了一系列具体的教学策略和教学方法,旨在帮助教师更好地培养学生的思辨能力,提升学生的英语综合素质。

　　因笔者时间和精力有限,书中难免有不足之处,恳请广大读者和专家、学者批评指正。

C目录
ontents

第一章　英语课程教学概述

第一节　英语课程教学理论

一、认知心理学

语言和其他认知机制联系密切，是人类抽象符号思维能力最直接的代表。从认知角度研究语言已经成为语言学研究的一个主要方向。在一定程度上，认知与语言的密切关系是认知语言学能够指导外语教学的基石。

认知心理学兴起于 20 世纪 50 年代，60 年代迅速发展，70 年代成为心理学流派中的一大主要流派。其发展历程如图 1-1 所示。

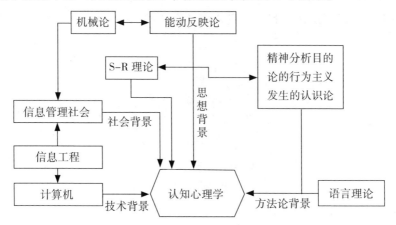

图 1-1　现代认知心理学发展历程

认知心理学与英语教学同时期发展，相辅相成。认知心理学促进了英语教学的发展，是英语教学的主要理论基础。

二、人本主义学习论

人本主义强调人具有开发自己潜能的能力与动力，人的知觉可以激发人的行为与人的学习。人本主义理论融入外语教学之后，教师会更加注重学生的个人发展，从而提高学生的学习动机、提升学生的学习效果。

人本主义强调教学过程，提出教育的重心并非教师的教而是学生的学，教师应当将教学内容与学生的生活相连接，为学生营造利于学习和成长的氛围，引导学生选择适合的学习方式与学习素材，最大限度地激发学生的英语学习兴趣。许多人本主义学者对学习问题进行了研究，下面主要介绍马斯洛（Maslow）、罗杰斯（Rogers）的相关论述。

（一）马斯洛的需求层次论

心理学家马斯洛融合精神分析心理学和行为主义心理学，开创了人本主义心理学。1943 年，马斯洛在《人类动机理论》一书中提出的需要层次理论，认为人从一出生开始便有种种需求，从最低的生存需求开始，逐级上升，最高层次是自我实现需求（图 1-2）。

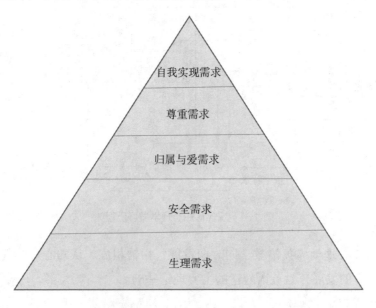

图 1-2　马斯洛的需求层次

1. 生理需求

生理需求指的是人类维持自身生存发展的基本需求，如衣食住行等。当这些基本需求得不到满足时，一个人的生存便无法保障，所以在这一时期，生理需求是人生存发展的强大动力。一旦人类赖以生存的生理需求得到满足，其他需求便成为新的激励因素，得到满足的生理需求难以再产生激励效果。

2. 安全需求

安全需求是指一个人在人身安全、事业保障、财产安全等方面的需求。马斯洛认为人类生而寻求安全，人的感觉器官、效应器官都是人追求安全必需的工具。生理需求与安全需求是生存层次的需求，是人类生存发展的前提与基础。

3. 归属与爱需求

归属与爱需求也可以称为感情上的需求。一方面，人有归属于一个群体，并成为群体当中一员的需求。在群体范围内，人会产生归属感、认同感，并在群体之中获得力量。另一方面，亲情、友情、爱情是人类在满足生存层次需求之后产生的情感需求。每个人都希望获得他人的爱，并对外释放爱意。

4. 尊重需求

尊重需求可分为个体内部尊重需求与个体外部尊重需求两种。个体内部尊重需求强调个体自我评估，即个体认定自己有信心、有实力。个体外部尊重需求则来源于他人和社会对个体的尊重。当尊重需求得到满足时，个体更容易找到生存的价值。归属与爱需求和尊重需求是归属层次的需求。

5. 自我实现需求

自我实现需求是马斯洛需求层次理论中最高层次的需求。自我实现的需求是指个体发挥个人最大能力，实现个人理想与抱负的内心需求。自我实现需求的实质是激发个人的潜力。自我实现需求有利于引导个体确立理想目标，不断完善自我，逐渐接近甚至实现目标。审美需求和自我实现需求都是成长层次的需求。

（二）罗杰斯的人本主义学习论

罗杰斯（Rogers）同样是人本主义心理学的主要代表人物之一。他在《自由学习》一书中阐述了自由学习的教育思想和以学生为中心的教育观点，提出教育的首要任务是促进人的发展。

罗杰斯强调教师要采取非指导性教学理论，尊重学生，与学生在情感和思想上实现共鸣，积极培养学生的良好品格与健全人格，最大限度地激发学生的内在潜能。

罗杰斯还强调教育必须关注学生智力与情感两方面的发展。若只关注智力的发展，则会导致学生情感空白难以处理复杂的人际关系。

三、建构主义理论

皮亚杰（Piaget）最早提出的建构主义也被称为结构主义。在皮亚杰看来，人对环境的适应是一种主观的能动的适应。当外界刺激被主体同化于主体的认知结构之中时，主体会相应地作出反应。在皮亚杰的理论基础之上进一步发展得到的认知建构主义学习理论认为：教师在课堂上教授知识，并不能促使学生真正理解并接纳知识，只有处于适宜的情境之下，学生才能通过意义建构的方式获得相应的知识。因此，教师并非教学活动的决定者，而是教学活动的引导者与参与者。一般而言，建构主义基本理论包括以下三点。

（一）学习是有意义的过程

学习是个体与外界环境相互作用从而获得知识的过程。

（二）学习是一项协商活动的过程

学生具有个体独特性，拥有独特的认知结构。基于不同的认知结构，不同的学生面对外部世界的理解各不相同。在一定程度上，学生的学习过程是一种经过协商和时间磨合后达成的共识。

（三）学习是学生在一定情境下的体验

学习的真正目的并非让学生成为学术界的理论家。学习在真实生活情境中是一种能够帮助学生解决现实问题的手段。为学生创设相应情境，引导他们根据自身已有的知识结构解决相应问题，提高学生的学习效率。即便面向同一内容，教学情境一旦发生改变，教学目的便随之发生变化，学生对于同一概念的理解也将有所变化。

由此可知，学习这一过程并非与社会环境相隔绝，相反，知识建构过程是与社会环境相互影响的，学生之间的相互交流、相互交往将会影响学生个体的知识建构。学生的经验与面对的学习情境不同，因此，其对知识的理解会存在一定差异。学生对知识理解是多元的，学生通过相互交流可以多角度建构知识。在英语教学中，教师进行情境的创设，可以帮助学生建构独立的知识体系、文化体系和价值体系。

四、产出导向法

教授文秋芳于 2011 年首次提出了应用语言学理论的"产出导向法"（POA）。这个理论在汲取中国传统教育思想优点的基础上，融合了课程论和二语习得理论，并在多年的教学研究和实践中不断完善。

"产出导向法"以学生的需求为指导，设计口语、写作和翻译任务，以增加学生对输入教学内容的学习热情。学生在教师的指导和互动讨论中完成教学任务，使输入知识得以加固和内化。这一教学理论的核心是学生的学习过程，既不完全以教师为中心，也不完全以学生为中心。通过以产出性运用来驱动输入性学习，提高学习效率，形成一个良性循环。

产出导向法的理论体系由教学理念、教学假设和教学阶段三个部分构成。教学理念为教学假设和教学阶段提供了指导原则，教学假设是教学阶段的理论基础，而教学阶段则是实现教学理念和教学假设的路径。

（一）教学理念

1.学习中心说

学校教育是一种有计划、有组织的教育方式，其核心目标是满足学习者群体的有效学习需求。由于这种教育形式需要考虑到整体学习群体的需求，而非单一学生的个人需求，因此，在教学内容的安排和评价方式的确定等方面，无法完全由学生个体来决定。

"学习中心"说强调了学生在学习过程中的主体性，然而，这并不意味着教师的角色应被弱化。事实上，教师在教学过程中发挥着至关重要的作用。他们不仅是学习者的启蒙者、顾问和帮手，而且是教学过程的设计者、组织者和领导者。教师需要根据不同的教学任务、教学目标和学习需求，采取多种有效的教学方法，并在其中扮演不同的角色。

教师在这一过程中，应当负责设计和组织教学活动，引导学生积极参与，让学生的学习过程更为高效。因此，尽管学习中心理论强调了学生在学习过程中的主体地位，但教师仍然在教育过程中扮演着不可或缺的角色，起着推动、组织和引领的作用。

2. 学用一体说

"学用一体"说着重强调学习（输入）和使用（产出）的紧密结合。传统的教学过程常常是从讲解课文内容开始，引导学生逐步完成解构文章结构、提炼主题思想、分析难点知识、学习写作技能、完成课后练习等教学步骤，这在一定程度上忽略了对学生语言综合应用能力的培养。

虽然一些教师在实践中积极借鉴其他教学理念和方法，但总的来说，这些做法仍然主要集中在提高输入效能的方面，而"学用一体"的理念则是强调听、读等输入性学习与说、写、译等产出性活动的紧密结合，实现边学边用，使得二者相互促进。

在这种理念下，学习者不再是被动接受知识的容器，而是主动参与到语言的使用中，通过实际的语言使用场景，提升自身的语言综合运用能力。"学用一体"的教学理念提供了一个更加全面和实际的语言学习路径，使得输入和产出相辅相成，有效提高了学习效率和质量。

3. 全人教育说

"全人教育"说是一种强调人的全面和可持续发展的教育观念。它的核心目标是把学习者培养成为有理想、有道德、有知识、有能力的人。

全人教育不仅关注学术知识和技能的培养，更重视对学习者人文精神的培养、跨学科知识的整合、内在潜能的挖掘以及个性品质的发展。

在语言教育领域，全人教育理念同样适用。英语教学不仅仅是为了提升学生的英语综合运用能力，这只是教学的工具性目标。更重要的是，英语教学还应当实现人文性教学目标，即提高学生的思辨能力、自主学习能力以及综合文化素养。

全人教育说认为教育的目的不应仅仅是传授知识和技能，而应更多地注重培养学生的全面素质，使他们能够在多元化和复杂的社会环境中，以独立思考、自主学习、深度理解和广阔的文化视野来适应和应对生活中的各种挑战。这样的教育，才能真正实现人的全面发展，实现教育的根本目标。

（二）教学假设

1.输出驱动假设

产出导向法的"输出驱动假设"强调以产出任务作为教学的起点。该假设的核心思想：通过让学习者参与并完成具体的任务，让他们在实践中意识到自身在语言综合运用能力上的不足，这会进一步增强他们学习的紧迫感，并激发他们的学习动机和热情。

在这种假设下，学习者不再是被动地接收和消化输入的信息，而是被激励去积极主动地寻找并学习需要的知识和技能，以便完成产出任务。这种方法促使学习者更深入地进行输入性学习，并有助于知识的吸收和内化。

2.输入促成假设

产出导向法的"输入促成假设"重视教师在教学过程中的角色，强调他们在完成产出任务后，应有意识地提高输入材料的多样性、选择性、指向性和应用性。这种假设的核心是，通过优化输入材料，可以有效地拓展学习者已有的语言知识体系和认知结构层次，进而提高学习者产出任务的完成质量。

在这个假设下，教师不仅仅是提供信息的渠道，还需要有意识地设计和选择各种多样的、针对性强的学习材料，这些材料需要能够引导学习者进行深度学习，提高其认知能力和辩证思维能力。此外，教师还需要将这些输入材料与学生的产出任务紧密关联，使学生能够在完成产出任务的过程中，运用并内化这些输入的知识和技能。

3. 选择性学习假设

"选择性学习假设"针对的是传统教学模式下教师无选择性地讲解所有课文内容的现象，以及学习者被要求掌握所有知识点的问题。这种假设认识到，在现代信息和网络技术的推动下，学习资源的丰富度大大增加，因此，教师和学习者应进行选择性学习。

在选择性学习假设中，教师和学习者不再全面覆盖所有内容，而是根据产出任务的要求，对输入材料进行选择性的过滤、加工、练习和记忆。这样，教学的焦点将集中在对完成任务最有用的知识和技能上。此外，这种假设还包括"以评促学"的观点，即打破学习和评价的严格界限，使学习和评价并行，互相促进。通过师生共同评价的方式，可以补充和强化已有的教师评价、学生自评、同伴互评等评价方式。使评价过程成为进一步强化和巩固学习成果的过程。

（三）教学阶段

1. 驱动阶段

产出导向法的"驱动阶段"是一个关键的阶段，主要是检验和实践"输出驱动假设"。这个阶段包括三个主要环节。

（1）让学习者了解产出任务。教师需要使学习者充分了解学习过程中可能遇到的交际情景和所要讨论的话题。这一环节的目的是激发学习者的学习兴趣，让他们对接下来的学习任务有清晰的认知和预期。

（2）学习者尝试完成产出任务。这一步非常关键，因为在尝试输出的过程中，学习者能够发现自己与他人的差距和存在的不足，从而激发他们的学习动机。这样的过程使学习更有目的性和针对性，使学习者知道自己需要在哪些方面作出努力和改进。

（3）让学习者完成产出任务。教师选择的输入材料需要符合单元教学目标的设定需求，并围绕产出任务的完成来学习单词、短语、语法等语言知识。这样做是为了确保输入的内容和学习者的产出任务密切相关，有利于提高学习的效率和效果。

产出导向法的驱动阶段旨在通过让学习者了解、尝试和完成产出任务，发现自身的不足，并通过教师精心选择的输入材料，驱动他们的学习动力，提高学习的效果。

2. 促成阶段

产出导向法的"促成阶段"是实践和验证"输入促成假设"的阶段，主要包含三个环节。

（1）产出任务分解。教师将产出任务分解为若干项子任务，并根据各项子任务的需求提供有针对性的输入材料。这一步降低产出任务的难度，使学习者更有针对性地进行学习，提高学习效率。

（2）选择性处理输入材料进行。学习者根据自身的认知能力基础和学习进度安排，对输入材料进行选择性处理。这一环节强调了学习者的主体性，他们需要根据自身的需要和实际情况，选择和利用合适的学习资源，进行自主学习。

（3）练习。教师在教学过程中指导学习者按照产出任务的要求循序渐进地进行练习，并对学习者是否具备完成产出任务的能力给予及时的评估。这一环节能够让教师及时了解和跟踪学习者的学习进度，及时进行反馈和指导，从而提高学习者的学习效果。

产出导向法的促成阶段强调任务的分解、学习者的自主选择，以及教师的及时反馈与指导，以实现更有效的教学。

3. 评价阶段

产出导向法的"评价阶段"主要是验证"以评促学"假设的过程，该阶段主要包括以下步骤。

（1）设定学习评价标准。教师需要根据产出任务的具体要求预先设定学习评价标准。这将帮助学习者明确期望，以及在完成任务时应达到的标准。

（2）挑选典型样本。学习者按照设定的标准完成产出任务后，教师需要挑选一些适合在课堂上进行分析和评价的典型样本。这将促使学习者对他们的工作进行批判性思考，并从他人的工作中学习和找到灵感。

（3）课堂评价分析。在课堂评价分析时，教师可以在提供的典型样本上列出需要学习者回答的重点和难点问题，并组织学习者进行个人评价、小组交流和集体讨论。这将帮助学习者理解他们在任务完成过程中所遇到的问题，并在小组讨论中找到可能的解决方案。然后，教师进行综合分析，给出更详细的反馈和建议，进一步促进学习者对他们的产出和学习过程的理解。

（4）课后练习。在课后，学习者需要完成教师设计的练习，以解决他们在完成任务过程中遇到的问题，巩固课堂讨论的相关内容，并进行自评或互评，形成最终的评价意见。

评价阶段的目标是通过评价过程来提高学习者的学习效果，将评价作为学习的一个关键组成部分，而不仅仅是评价学习结果的手段。

经过多年的推广实践，产出导向法不断完善与发展，这必将给我国的英语教学带来更多的可能性。

第二节　英语课程教学内容

英语课程教学主要包括语言知识教学、实践技能教学和文化教学三部分内容。

一、语言知识教学

（一）英语词汇教学

词汇作为构成语言体系的重要因素，是表达和书写的基础，缺少词汇将难以传递信息。

一般而言，英语词汇教学主要包括词义教学、词汇运用教学以及词汇结构教学三个方面。

1. 词义教学

词义教学既是词汇教学的重要组成部分，又是词汇教学中的基础内容。词汇教学不仅是对英语词汇进行中文释义的对照与解释，更强调让学生明确同一词汇在不同的语境下应该选取何种释义。

汉语与英语属于两种截然不同的语系，两种语言的差异巨大，有时存在不能完全转换的情况。这时就需要学生对原有的词汇的含义进行外延，并且根据差异化的情境，重新理解词汇的内涵。故而，词汇教学并不是仅停留在认知与完成背诵层面即可。

2. 词汇运用教学

由产出导向法可知，学生的学习若以最终的输出为驱动，则学习的效果将最大化。词汇含义是英语词汇教学的基础，学生只有在明确了词汇的基本含义之后，才能进一步学习词汇、应用词汇。词汇运用教学是词汇教学的目的，学生对于词汇的运用程度体现了学生对于词汇的熟悉和掌握程度。

3. 词汇结构教学

词汇结构的教学可以帮助学生了解构词知识，快速记忆具有相同或类似结构的词汇，同时有助于学生打开思路，扩展对于词汇的联想，从而更加主动、系统地去学习和记忆词汇。英语单词的构成往往有其自身的规律，了解并掌握英语词汇的构词规律，才能更加高效、准确地记忆单词。

（二）英语语法教学

英语语法包括描述性知识和程序性知识。描述性知识由各种语法规则组成，如词法、句法等；程序性知识是指个人无法有意识地提取线索，只能借助于某种具体作业形式来间接推测其存在的知识。第一种知识可以通过学习获得，而第二种知识表现为一种能力，必须通过训练才能掌握。

英语语法教学的主要内容可分为词法和句法。词法主要包括构词法和词类。句法主要包括句子成分、句子分类和标点符号三部分。

二、实践技能教学

（一）英语口语教学

英语口语教学的最终目的是提升学生的英语交际能力，使其能够更加顺畅地用英语交流。

语音训练是英语口语教学的基础，主要包括音节、重读、弱读、连读、停顿等。错误的发音与语调会影响语言的表达与理解，因此，语音的训练十分重要。

另外，教师还要重视英语文化知识教育。文化知识对英语口语交际的影响主要体现在语言的得体性上，得体的语言表达是实现良好语言交际必不可少的条件。

（二）英语听力教学

巩固学生的听力知识是培养和提升学生听力能力的基础。听力知识主要包括语音知识、语用知识、策略知识和文化知识等。

语音知识是听力教学重要的组成部分之一。作为听力教学的重要组成部分，语音知识的教学可以帮助学生规范英语词汇读音，这样学生就能准确地识别听力材料中的词汇。另外，语音知识的教学也涵盖了英语句子的读法，因为语言交际主要是由句子构成的，语音知识的教学可以使学生在理解听力材料中的对话和长句时更加高效和准确。

语用知识指的是交际过程中语言的运用方式，主要包括习惯用语、交际用语、话语分析等方面的知识。英语语用知识的学习可以帮助学生更好地了解英语语境下人们的交流习惯与对话方式，更加准确地理解对话内容，减少听力误判。

策略知识针对的是学生的听力任务。掌握一定的策略知识，学生就可以根据不同的听力任务选取合适的听力方式。

文化知识会增进学生对于不同国家文化习惯的了解，辅助学生更好地理解听力材料的内容。

（三）英语阅读教学

　　培养学生的英语阅读能力，目的是提高学生的分析和思考能力，开阔学生的视野，拓展学生的英语思维。英语教师应当选择效率较高的以分析文章结构为主的阅读教学模式，帮助学生全面提升英语阅读水平。

（四）英语写作教学

　　一篇好的文章必须具备清晰的结构，文章结构的搭建直接影响着文章的质量和观感。

　　在文章写作教学中，教师要先指导学生谋篇布局，再引导学生根据文章内容选择适当的扩展模式。一般来说，文章的结构应该是"引段—支撑段—结论段"，段落的结构则应该是"主题句—扩展句—结论句"。文章的类型不同，结构也有所不同。在教学中，教师要对学生的谋篇布局能力进行全面培养。

　　文章的写作还需要完整统一，文章中的所有内容，包括事实、观点、例子等要围绕文章的中心思想展开。教师教学时可采用专项训练的方式，有针对性地训练学生的写作能力。

　　在文章结构清晰完整和文章内容完整统一的基础上，教师还需要引导学生做到句子的排布具有逻辑性，句子之间通过连接词组有机地结合在一起，使文章内容环环相扣。

三、文化教学

　　中英两种语言的差异，从表象上看是单词或者句子的区别，但是深层次的差异是两国文化的差异。无论培养学生的哪一项能力，都离不开文化教学。这里将从价值观、思维方式、非语言交际和语言交际四方面，就英语教学中的文化教学展开分析。

（一）价值观

中国传统价值观强调人与自然、主体与客体、精神与物质的统一。也正是在这种思想的影响下，中国人在思维模式、言语表达等多方面，都倾向于追求整体性和综合性。

西方的价值观强调天人相分，即将世界看成由多个独立的物体结合而成的，各个物体均可独立存在。正因如此，在西方人眼中，人高于自然，人可以自主能动地控制和改造自然。他们主张人要凭借自己的思维和力量认识世界、改造世界。他们通常将整体一分为多，认识并厘清事物之间的逻辑关系。

（二）思维方式

思维方式产生于社会环境之中，伴随人的思维活动发展和演变。在不同的地理环境、社会历史、经济文化背景下，人类的思维方式也不同。东西方的思维方式就存在较大差异。

中国传统的思维方式是一种强调向内寻找的内倾性思维方式。通常，人们的思维依靠感官体验、意会、领悟等直觉方式，而非逻辑推理。西方思维方式则恰好相反，强调逻辑性。逻辑性思维方式是指具有理性分析、逻辑实证、追求精确等相关特征的思维方式。

中国的思维方式强调整体性，强调人与自然和谐统一、不可分割、相互影响。中国传统思想强调自然和谐、融会贯通，把握事物并非从细节或局部着手对事物逐一单独分析，而是将事物视为一个整体，一个不断变化、不断发展的过程。相反，西方的思维方式强调对局部孤立地进行研究，具有解析性特征。西方人习惯以孤立而审视的视角看待世界、理解世界。

（三）非语言交际

非语言交际是指在交际过程中不使用口头或文字形式进行信息传递的沟通形式。

非语言交际可表示重复、否定、强调等含义，也可表达出语言背后隐藏的相关信息。一方面，非语言交际可传递信息交流双方的思想；另一方面，非语言交际也是一种社会现象和文化形态。非语言交际既有共性，也有个性。在英语教学中，非语言交际是不可忽视的教学内容之一。

（四）语言交际

交际双方在文化认同和相互接受的范围内，选择的交际用语有所不同。交际规约与社会文化背景密切联系，若不遵守交际规约，则易造成人际交往中的冲突与矛盾。

以社交称谓为例，汉语的身份称谓种类较多、范围较广，常见的身份称谓有姓加职务、姓加职称、姓加职业，如李总监、刘助理、张老师。英语中的头衔称谓仅限于皇族、政府上层、宗教界、军界和法律界，常见形式为职称加姓氏，如伊丽莎白女王为 Queen Elizabeth。

第三节　英语课程教学方法

英语课程教学主要包括语言知识教学、实践技能教学和文化教学三大部分。鉴于此，本书对于英语课程教学方法也从这几个方面展开论述。

一、语言知识教学方法

（一）英语词汇教学方法

1.词义教学方法

（1）中英双释义教学。向学生讲解英语词汇的中文释义是英语教师经常采取的一种词义教学方式，事实上英语教师可以尝试采用英文解释英语词汇的方式全面解释词汇的含义与用法，帮助学生加深对词汇的理解。特别是对于高职的学生而言，他们具有一定的英语词汇基础，完全可以尝试了解单词的英语释义。

充分利用牛津英语词典和朗文词典等工具书，这些词典均有以英文释义解释说明英语词汇的内容。教师在具体的教学实践中要重视这些工具书的作用，采用双语解释词汇的方法，帮助学生规范、标准、全面地了解词汇的含义。

随着英语教学进程的不断推进，学生需要掌握的词汇量逐渐增多，词汇难度不断增大。当难以理解词汇在具体语境中的含义时，可以通过查阅词典辅助词汇的学习，这样，学生在学会一个单词的同时，能了解到更多词汇、词组的搭配和用法。

（2）词汇与句型教学相结合。传统的词汇教学往往是孤立地对词汇进行教学，这种词汇教学方法是不符合英语词汇的使用习惯的。英语的发展历史和语言结构导致英语词汇往往拥有多种含义；且近义词较多，这就导致英语词义学习难度提升。在实际的语言交流过程中，人们都是通过句子来表达自己的思想，词汇只是句子的组成部分。因此，对词汇的解释和理解需要放到具体的句子中去，词汇因句子而产生意义，难以孤立存在。另外，词汇的许多语言特征、读音、释义选取以及形态变化只有在具体的句子中才能充分体现出来。

2. 词汇运用教学方法

（1）写作输出训练巩固词汇。词汇不是孤立地存在的，在日常交际情境中，词汇出现在句子中的情况较多，因此，写作输出是词汇运用于教学中最为常见的手段之一，也是最为有效果的方式之一。

学生经过写作练习，将课上所学词汇灵活地运用写作之中，这一过程不再是被动地吸收，而是主动使用词汇，最终达到提升词汇运用能力的目的。不仅如此，写作练习可以巩固学生对于词汇的记忆。学生在经过写作这一过程后，将所学词汇牢牢记在大脑中，不会轻易忘记。另外，学生写作也会相应训练词汇的运用技巧，包括词组、固定搭配、语义选择等。

（2）创设语言交流情境。语言学习最终要应用于实践之中，因此，教师在讲解词汇时，要提前考虑到词汇的应用问题。教师开展教学时，必须在完成词义讲解后，在课堂当中创设多种情境，引导学生即时输出，鼓励学生把所学词汇运用到交流情境当中。

（3）结合语言的文化背景。中英文的语言背景有所差异，词语含义也不是完全等同，教师教学时，必须注意结合相关的文化背景。对于在母语环境下学英语的中国人来说，应该了解中西方不同文化背景，充分感知英汉词语之间所存在的差异。

3. 词汇结构教学方法

英语中的单词一般由三部分组成，即词根、前缀和后缀，其中词根决定了单词的意思，前缀改变单词的词义，后缀确定单词的属性。掌握了这种构词规律，英语词汇的学习会事半功倍，举一反三。

例如，"con"作为前缀有"共同，相同，一起"的意思，因此，以"con"为前缀的单词也往往会具有"共同，相同，一起"的含义。例如，contemporary、concentric、concentrate等。

（二）英语语法教学方法

英语的语法部分相较于词汇而言，可以说难度上升一个阶段，语法教学属于承上启下的教学内容。词汇的掌握与运用是语法教学的前期准备，句型句式与语法联系紧密，用英语交流也不能缺少语法部分的准确应用。

语言是为最终人与人之间的交流而服务，语法教学不能孤立于英语知识体系之外，相反，英语必须与其他英语模块充分结合。学生在词汇、口语、听力、阅读、写作中都能练习英语语法，教师应将语法教学贯穿每一个英语模块的教学。以提升实际运用能力为目的的英语语法教学会使学生对于重点语法知识的掌握更加牢固，语法学习的目的更加明确，同时重点突出的语法教学方式可以减少学生语法学习的压力，提高学生学习语法的兴趣。[①]

在英语教学实践中，教师除了要把基础的英语知识教授给学生，还要灵活使用教学方法，鼓励、引导学生形成符合自身发展特点的英语学习方式和学习策略。

---

① 黄娟. 英语教学理论体系建构与实际应用研究[M]. 长春：吉林人民出版社，2019：78-80.

二、实践技能教学方法

（一）英语口语教学

1.情境教学法

上文已经说明，语言的最终目的指向交际，交际会涉及不同的情境。在口语教学中，为了帮助学生更加积极主动地进行口语练习，教师可以创设具体的对话情境，模拟实际交流场景，让学生参与进来，在教师的指导下灵活发挥。教师采取多种形式，为学生创造开口的机会，使学生充分运用所学知识进行交流。情境教学可以使抽象的语言教学变得形象和具体，既能激发学生英语口语学习的兴趣，还能提升学生的英语运用能力。当然，教师在情境创设的过程中不能偏离教学目标，要保证学生对基础知识的掌握。

2.互动教学法

互动教学法强调的是教师与学生之间的互动，"教"与"学"之间的互动。强调学生的主体性、教师的主导性和引导作用、课堂组织的多样性以及教学的高效性。口语教学应保证口语教学材料的丰富。丰富的语言材料可以帮助学生积累口语素材，为口语表达打好基础。在课堂上，教师应该明确学生的主体地位，充分发挥引导作用，鼓励学生积极思考，具体包括对具体情境中对话的句型、词汇、替换词汇的思考等。教师还可以指导学生展开联想，自主拓展知识，用曾经学过的知识替换或解释新学的知识，这样不但可以加深学生对于新知识的理解，还可以帮助学生巩固原有知识。

3.文化导入法

在英语口语教学的过程中，教师要时刻注意文化教学的重要性。语言是文化的组成部分，也是承载文化信息的工具，由于文明历程、生活习惯、思维方式、精神信仰等方面的不同，针对同一对话情境人会有不同的认识体验和表达方式。针对文化的差异，英语口语教学应该重视文化的导入，通过教材、资料、多媒体、文化对比等方式，教授文化的相关知识，让学生亲身感受文化的异同，培养和提升学生的跨文化交际能力。

（二）英语听力教学

听力教学除了要求学生多听多练之外，教师也应为学生开启有针对性的听力练习，常见的听力教学技能主要有以下八种。

1. 辨音训练

在教学场景中，经常有学生遇到下面这种情况：学生在听力训练过程中，对于听力内容或其中的某些句子不能完全理解，但在阅读听力材料时却非常顺利，这就是辨音能力欠缺导致的。辨音能力是最基本的听力技能之一，包括对音位、语调、音质等的辨别。训练辨音能力可以有效提升学生的听力水平。

2. 大意理解训练

大意理解训练是为了让学生在听力训练中能对听力材料的大意有一个整体的把握。想要完成听力训练任务，先要明白材料内容在讲什么，如谈话或者独白的主题是什么，主人公的观点和态度是什么。只有明白了听力材料的大意，才能为听力任务的完成做好铺垫。

3. 寻找交际信息训练

寻找交际信息训练，指的是在对话形式的听力材料中，学生能够准确识别例证的指示语、话题轮换的指示语、话题转折的指示语以及话题终结的指示语等。提升学生的交际信息识别能力可以提升学生完成听力任务的效率和准确性。

4. 细节理解训练

细节理解训练，指学生经过训练获取听力内容中的具体信息的能力，细节理解训练可以帮助学生提高获取信息的精细度，提升做题的准确性。

5. 词义猜测训练

日常教学过程中，经常会有学生在听力过程中遇到生词、难词，或者因辨音能力不足导致的不理解词义，学生往往选择停下思考，而这会影响后面的听力内容。学生应该根据前后文内容、谈话者态度、具体语句含义等因素对词义进行合理猜测，保证流畅听完听力材料。

6.选择注意训练

英语教师如果可以培养学生选择注意的能力，就一定可以帮助学生在听力过程中有选择地关注听力材料内容的重点，集中注意力，分清主次，不错过谈话或独白中的关键内容。

7.推理预测训练

教师可以以完成听力任务为出发点，使学生通过训练经验和推理技巧，推断出听力材料中的人物关系、对待问题的态度、价值选择以及行为的发展趋势等，当听力材料中没有直接体现听力任务的语句，或者学生漏听或不理解关键信息语句时，推理预测能力就显得尤为重要。

8.笔记记录训练

教师教会学生记录的方法，辅以一定的训练，通过记笔记的方式将谈话或独白的关键信息记录下来，可以帮助学生更加准确地完成听力任务。

（三）英语阅读教学

在传统的英语阅读教学模式中，学生处于被动地位，在课堂上容易出现学习积极性不足、注意力不集中的现象，影响教学效果。互动式的英语阅读教学模式，对英语阅读教学的过程进行了优化，鼓励在教学过程中老师与学生之间、学生与学生之间的互动和交流。在这种教学模式下，学生是主体，是课堂教学活动的主要参与者，是知识的接受者，也是信息的创造者和传播者。老师则发挥主导作用，引导学生开展教学活动，维持课堂纪律，保证教学方向和内容不偏离教学安排。

互动式阅读教学模式的特点是自主学习、合作学习、互动教学。对于培养学生的创造性思维和提升学生英语阅读学习兴趣具有重要的促进作用。当然，互动式教学改变的是教学模式和课堂组织形式，而不是教学内容，在互动教学过程中，必须贯彻阅读基础知识的教学和学生阅读能力的培养。

（四）英语写作教学

英语教师针对英语写作教学指导，可以将写作教学划分成两个阶段，即写前阶段和作品评阅阶段，这两个阶段有着不同的写作方法。

1. 写前阶段

写前阶段的教学注重培养学生的审题能力、构思能力和谋篇布局能力，包括打腹稿、确定主题、理清逻辑、列出提纲等。首先，教师要启发学生审题，根据题目和要求展开思考，组织内容。其次，教师需要帮助学生确定具体段落的主题与排布，列出提纲。最后，教师要引导学生确定每段的主干内容，准备写作。

2. 作品评阅阶段

作品评阅阶段是针对学生的初稿进行评价和修改。英语教师往往采取点评或范文教学的方式。受制于课时与课堂规模，教师无法针对每一个同学的写作问题进行详细的指导，因此，可以采用抽样点评的方式，发现并讲解学生写作中存在共性或个性问题。也可以通过展示和讲解范文，引导学生分析范文的结构、主题表达、写作逻辑、句型运用以及段落衔接等，并从中领悟到写作技巧。

三、文化教学

英语文化知识教学的目的是帮助学生了解西方英语语言体系下人们的文化传统、衣食住行、风俗习惯、行为规范、价值取向等。中外学者对于语言学习中的文化知识进行了深入的研究与总结。

教师可以采用文化教学方法，将相关的文化知识传授给学生。教师在教授英语文化知识的同时，对中、西方文化之间的异同进行比较，让学生对于母语文化和英语文化之间的相关性和差异性有一个形象、具体的认识，在比较中让学生感受英语文化的特点，加深学生对于英语文化特殊性的认识。

例如，教师在进行关于交际习惯的教学时，可以以中西方人们面对夸赞时的不同反应为例。在英语环境中，人们对于夸赞的回答往往是表达感谢与肯定；在中文环境中，人们面对夸赞经常会表现得十分谦虚。

总之，教师通过多种途径将中西方的文化知识传递给学生。一方面，教师可以在教学过程中，引导学生挖掘两种文化的差异，感受两种不一样的文化；另一方面，教师将文化知识作为英语教学的补充内容进行讲授，也可以帮助学生减少因为用语的失误导致的表达不得体情况的出现。

第四节　英语课程教学评价

英语不同于其他科目，其教学评价应当更加关注学生能力的培养，而不是仅仅停留在知识传授上。

一、教学评价内容

教学评价的内容主要包含五种：评价教师、评价学生、评价课程、评价教学过程以及评价教学管理。

（一）评价教师

在教学过程中，教师始终处于主导地位，教师对于学生而言，不仅仅是教学效果的影响者，更是人生发展之路的影响者。教师的教学能力与教师自身的人格品质对于学生的影响都是巨大的。针对教师，我们主要可以从以下三个方面开展评价。

1. 教师的教学能力

教师的教学能力是一名教师应当具备的基础能力，教师只有具备一定的教学能力才能有效地开展相应的教学活动。

教师必须可以独立开展教学活动，完成自己负责的教学工作，并且确保最终的教学质量。不仅如此，教师是否能够针对现实的教学案例开展研究活动、形成一定的教学科研产出等，都是教学能力的体现。

2.教师的可发展能力

教师是不断发展的人，教师应当在教师这个岗位上不断发展自我。教师的可发展能力主要包括教师是否能够激发出自我发展的潜能、教师是否自发自觉有着发展觉悟以及教师是否具备接受新方法、接受新理论的能力，甚至包括教师自身是否具备一定的自学能力等。

3.教师的政治素养

作为一名人民教师，教师必须具备一定的政治素养。教师必须爱国爱党、爱岗敬业、遵纪守法、有较高的政治理论水平和思想觉悟等。

（二）评价学生

学生在教学活动中，占据着主体地位，教学活动是教师与学生共同开展的活动，因此，对学生开展教学评价是十分有必要的。教师通过教学评价可以对学生进行必要的了解和把握，进而针对学生存在的现有问题调整教学进度、教学方法。针对学生的教学评价，主要是从以下几个方面开展。

1.学业评价

学业评价必须从对应的教学目标和教学内容出发，可以对学生个体，或者学生群体开展以成果为导向的评价。教师往往通过不同形式的测量，对学生的学习进展情况加以反映，从而推断出学生现有的水平。学生评价往往具有促进性、补救性和协调性的。

2.学力评价

通常情况下，人对于学力的认知，要么指的是一个人对知识和技能掌握而形成的一种专有的能力，要么指的是教学的结果，即一种后天形成的能力。因此，两种认知相叠加，可以得出学力是"学生在学业上取得的成果"这一结论。

随着时代的不断发展，学习观、发展观都在不断发展改变，因此，学力观也会不断变化发展。当今社会对教育和学习的要求都越来越高，这就意味着其对学力的要求也是越来越高的。

当然，针对学生学力的评价主要是对学生的学习能力进行评价，在评价的时候需要考虑到学生的个体差异，注重满足不同层次学生的差异化需求，确保不同的学生都完成各自的学习目标。

3.学生品德与人格评价

所谓"教书育人"就是指教师的责任不仅仅是教授学生书本上的知识，还应该注重学生的品德修养与人格塑造。具体到英语教学，教师应当注重教学内容的思想性与科学性。

（三）评价课程

1.行为目标评价模式

行为目标评价模式，是由著名学者泰勒所提出的。此种评价模式的核心在于确定课程的教学目标，将已经确定的教学目标作为评价的衡量尺度。既定的目标在一定程度上，会制约甚至决定教学活动的开展方向，因此，教学评价也是对教学活动进行评价、判定。教师可以根据已有的反馈，针对性地开展教学的修正与改进，最终实现教学效果不断趋近教学目标。

2.决策导向评价模式

决策导向评价模式，又称"CIPP模式"，是由著名学者斯塔弗尔比姆（Stufflebeam）提出的。这一模式将评价的重心置于决策，是以决策为核心，将背景知识、输入、过程、结果等多因素结合起来的一种评价模式。

3.目标游离评价模式

目标游离评价模式，又称"无目标模式"，是由著名学者斯克里文(Scriven)提出的。斯克里文批判了泰勒的行为目标评价模式，他认为行为目标评价模式功利性过强，不利于教学活动的开展。因此，目标游离评价模式为了将评价中的主观因素降低，不能在设计方案时明确将活动目的告诉被评价者，这样评价的结果就不会受到预定目标的制约。

（四）评价教学过程

传统的教学评价将评价的重点置于教学效果，也是结果导向，这种评价难以避免的弊端就是功利性较强，忽视了教学的过程。正因如此，近些年越来越多的学者转变了思想与研究方向，转向对形成性评价的研究，进一步衍生出了对教学过程的评价。针对教学过程评价可以从以下两个方面探讨。

1.对教学过程进行系统化评价

对教学过程进行系统化评价其实强调了教学过程的一体化，教学评价将一整节课作为完整的教学目标与教学内容。教师可以按照课堂开始前的准备活动、课堂上的教学互动、课堂结束后的练习这三个部分进行分段与整合，开展系统化、整体化的评价。

2.针对教学过程的各个环节分别评价

针对教学过程的各个环节分别评价，就是针对教学中存在的课堂开始前的准备活动、课堂上的教学互动、课堂结束后的练习进行分别评价。教师可以将一堂完整的课分成三个阶段进行评价，进而针对性地改进教学安排。

（五）评价教学管理

教学管理的重要性是可以与教师、学生、课程设置、教学过程相提并论的。教学管理是指，教师根据既定的教学目标，参照一定的教学规律，考虑教学特点，对教学工作进行组织与安排。

教学管理不是针对教学过程或者教学结果一方面开展，它是针对过程和结果两个方面进行的评价。教师或者专门的评价者可以通过对教学管理的评价，探寻其中存在的问题，并提出解决方案，加以改进。

在开展教学管理评价时需要注意评价指标的合理性，即评价指标可以将教学规章、教学计划、教学步骤、教学检查等囊括进去，以提升评价的科学性。

二、常见的教学评价方法

（一）成绩评价

考试或者测评是一种常见的教育评价方式，这是一种较为常见的教学评价手段。一般情况下，一个学期可以举行一到两次，如作为期中考试或者期末考试开展，评价的内容主要是针对教学的长期综合目标，开展判定学生全面综合能力的技能测试。考试或者测评是一种常见的教学评价方式，却不是唯一的评价方式，主要的目的是用于证明和选拔。

（二）评语评价

教师在一个学期末或者是一个教学阶段结束后，有针对性地对学生进行评价，写出对应的评语，这也是一种常见的教学评价方式。

教师可以根据学生本阶段的成绩呈现，以及学生的日常表现，主要针对学生的读写能力进行评价，即教师对于学生学习英语的进度、学习态度、行为习惯、学习方法是否正确都可以给予评价，明确指出学生存在的优点和缺点，并且提出一定的改正方法。

当然，在采用评语进行评价的过程中，毫无疑问的是，教师的主观感受占了较大的比重，并且主要以教师"评"构成了整个教学评价。教学活动包含了教师的教和学生的学两个部分，因此，仅仅呈现出一方面的内容，毫无疑问是不够全面的。

（三）档案袋评价

档案袋评价指的是教师可以通过将学生的一系列作业、作品保存起来，为学生留存成长的记录，将反映学生成长轨迹的相关资料一一保存，教师或者学生都可以在必要的时候打开这个档案袋，分析学生的成长轨迹，感知学生正在进步。

通常情况下，档案袋里面的资料可以是较为多样化的。常见的留存资料主要包括学生的英语作业、一些课上活动的文字资料，甚至是校外社会实践的资料也有着极大的收藏价值。通过这种档案袋评价方式，学生可以感受到自己成长的轨迹，这对学生将来的发展有着一定的促进作用。

　　在实际的教学活动中，评价公平与教育效率的难题摆在每一名教育者的面前。事实上只有将学生各方面能力的提升都视为教育培养的根本目标，才能不断地适应社会发展对教育评价提出的新要求。

第二章 思辨思想与思辨能力概述

第一节 思辨思想的产生与发展

一、思辨思想的产生

研究思辨思想的起源，必须与古代历史上的哲学家们所提出的哲学思想相结合，这两种思想之间的关系十分密切。目前，大多数学者都认为无论是哲学思想还是思辨思想，都应该追溯到苏格拉底提出的问答方法。但是事实上，提出"存在论"的巴门尼德（Parmenides of Elea）可以被视作思辨思想的先河开辟者。

（一）巴门尼德的"存在论"

巴门尼德所认为的人的感性必须经过批判这个过程才能到达理性的境界，只有对多种意见进行比较之后才能获取真理。[1]巴门尼德的这一观点开了哲学史的先河。巴门尼德的学生芝诺，结合自己的研究将巴门尼德的"存在论"逐步发展成一种辩论的方法，这种方法包含的"批判性思维"的观念是十分超前的。

（二）苏格拉底的问答法

苏格拉底（Socrates）在哲学方面作出的巨大贡献是一般的哲学家难以匹敌的。苏格拉底具备思辨思维，他个人经常采用提问、下定义、讥讽等方式来辩证或者批驳他人的观点。也就是这种用问题回答问题的方式，对大家公认的事实进行深层次的探索，并且抛出自己的质疑。这种问答法应用非常广泛，时至今日，仍有许多教育学家尝试将这种问答的

---

[1] 胡婵.巴门尼德的存在论及其对后世哲学家的影响[J].江苏教育学院学报（社会科学），2011,27(6):69-72.

方法运用于教学研究之中，开展思辨研究。苏格拉底之后的思想家，包括柏拉图（Plato）、亚里士多德（Aristotle）在一定程度上都延续了苏格拉底的问答法。

二、思辨思想的发展

思辨思想的发展主要可以划分成以下四个阶段：萌芽阶段、发展阶段、高速发展阶段、繁荣阶段。

（一）萌芽阶段

说起思辨思想的真正萌芽，主要指的是 1919 年到 1939 年这个实践阶段。教育学之父杜威（John Dewey），同样是批判性思维研究的先行者。杜威在这一时间阶段发表了大量与批判思维相关的文献文章，另外，杜威也是批判思维方面研究的专家带头人。

杜威在教育学领域提到的"教育的最终目的就是教会学生学习范性思维方式。"杜威将这种批判性思维称为"反省思维"。杜威甚至强调反省思维必须融入教育体系之中，成为教育体系需要完成的教育目的之一，学校中必须开展相应的反省思维教育。也就是说，大量现存的"批判性思维"的相关教学方法都可以视作杜威反省思维的传承与延续。

（二）发展阶段

在这一阶段，美国的著名心理学家、教育学家格拉泽（Glaser）尝试以儿童心理学为研究视角，在自己出版的《批判性思维发展实验研究》一书中，开展"批判性思维"的研究。受到这本书的影响，一系列批判性思维的著作相继问世。

1946 年，布莱克（Black）出版了《批判性思维：逻辑与科学方法引论》；1954 年，美国教育委员会（American Council on Education）出版了 Critical Thinking in Social Science；1955 年，帕尔默（Palmer）出版了《阅读与写作中的批判性思维》。

20 世纪 60 年代之后，认知发展论的著名学者皮亚杰的许多重要理论被引入思辨思维的相关研究。

（三）高速发展阶段

思辨思维的高速发展阶段，主要是指 1970 年到 1990 年这段时间。在这个思辨思维的繁荣阶段，众多学者研究了思辨教学的相关内容，并且在多学科尝试实践教学的实践活动。其他教育从业者尝试将培养学生的思辨能力作为一项重要的教育目标。

这一时期，许多美国高校为培养学生的思辨思维制订了一系列相关措施。例如，哈佛大学的前校长德里克·博克（Derek Bok）在自己所著的《高等教育》(1986)一书中，详细研究了文理教育协同发展，指出无论是文科还是理科重要的培养目标都是培养学生的思辨思维，这种具有思辨能力的学生是优秀的人才。不仅如此，哈佛大学中的许多学科都注重培养学生的思辨思维，帮助培养学生良好的思维习惯，注重培养学生的思辨能力，不仅仅局限于培养学生某种学科的能力。哥伦比亚大学也设置了核心课程，用来培养学生的思辨思维，将培养学生的思辨能力作为教学的重要目标。

（四）繁荣阶段

思辨思维的繁荣阶段主要指从 1990 年之后直至今日。针对思辨思维的研究突破原有的桎梏，逐步发展至多样化新阶段。关于思辨思维的培养，西方国家转向了教学实践活动，不仅仅是在理论层面上教导学生培养思辨思维，也关注思辨能力的培养与提升。

1990 年，美国的高校专家提出，到 2000 年，美国的教育目标主要是培养大学生思维能力，必须拓宽学生的知识面。

"世界高等教育会议"在 1998 年 5 月召开，这次会议上公开发表了《面向二十一世纪高等教育宣言》。宣言的第一条就强调培养学习者的思辨态度，第五条强调培养学生的思辨思维能力以及分析问题、解决问题的能力。

综上所述，多所西方国家的大学尝试开设与培养学生思辨思维相关的课程，帮助学生培养思辨能力。伴随着思辨思维能力培养课程的普及化，越来越多的学者将关注的重点，置于思辨教学相关的教学方法。

第二节　思辨能力的理论模型

思辨能力的理论模型是思辨能力研究的先行者，只有充分了解思辨相关理论，才能进一步将思辨能力转化成实践能力。目前广受关注的思辨理论模型主要包括恩尼斯（Ennis）提出的"单维结构模型"；美国"特尔斐"项目组的"双维结构模型"（包括认知能力和情感特质两个维度）；美国哲学和教育学家保罗和埃尔德（Paul & EIder）建立的"三元结构模型"（思维标准、思维元素、思维特质）；我国教育学家林崇德创立的"三棱结构模型"（思维的目的、思维的过程、思维的材料、思维的品质、思维的非智力因素和思维的监控）；我国文秋芳教授提出的"思辨能力层级模型"，这五大思维理论模型。

一、单维结构模型

在 20 世纪 90 年代之前，恩尼斯将思辨能力的认识重点放在思辨技能上，忽略了思辨倾向。恩尼斯强调了思辨推理能力为主的一系列技能，并且提出 6 项重要的批判性思维技能，这 6 项技能指的是，关注（focus）、推理（reasons）、推论（inference）、情境（situation）、澄清（clarity）、评价（overview），因此，该模型也可以称为 FRISCO 单维结构模型（图 2-1）。

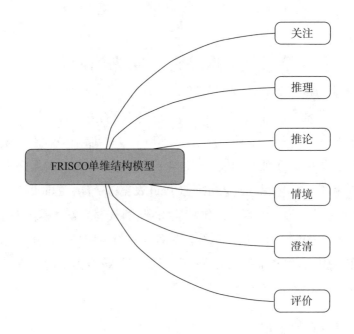

图 2-1　FRISCO 单维结构模型

在这六项技能中，各个技能的功能各不相同。

关注是指人在面对情境和处理问题时，及时发现问题，找出主要观点。

推理是指选择采用逻辑分析和经验证据为一种结论提供支持。

推论是指检验结论是否得到了所给出的理由的支持。

情境要求在思辨过程中考虑问题必须依托广泛的问题背景，包括考虑问题是否有意义、是否适当，应兼顾多方的利益。

澄清要求在清晰描绘和区分争论中所用术语的意义和用法，避免混淆。

评价要求回头审视思辨过程的前五步，寻求整个过程各部分的一致性。

FRISCO 单维结构模型是思辨能力模型的发展基础，其开创性地将思辨能力需要具备的技能具体地呈现出来。但是此模型始终存在着简单化、显性化的问题，而且此模型始终没有体现思辨能力蕴含的复杂性、动态性特点，而受到了外界的质疑。

二、双维结构模型

1989 年，以哲学家法乔恩（Facione）为首的"特尔斐"项目组采用质化法，经过两年多的共同探讨，构建了思辨能力的双维结构理论模型如图 2-2 所示。

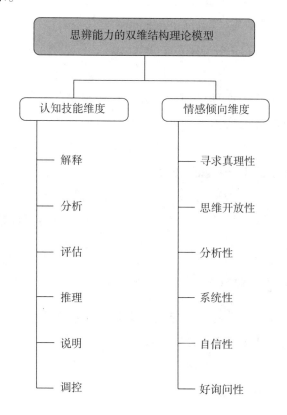

图 2-2 思辨能力的双维结构理论模型

在双维结构理论模型中，思辨能力的衡量维度是指认知技能和情感倾向，强调了认知和情感两个因素的重要性。

双维结构理论模型以 FRISCO 单维结构模型为基础，增加了对情感倾向的考量。

模型中的认知技能维度由 6 项技能组成——解释（interpretation）、分析（analysis）、评估（evaluation）、推理（inference）、说明（explanation）、自我调控（self-regulation）。其中，分析、评价与推理为核心技能，每项认知技能又可分为多项子能力。

模型中的情感倾向维度由 7 个子维度组成——寻求真理性（truth seeking）、思维开放性（open-mindedness）、分析性（analysis）、系统性（systematicness）、自信性（self-conference）、好询问性（inquisitiveness）、成熟度（maturity）。

双维结构理论模型理论强调，人们在作出单项判断时，涉及的能力是以相对独立的方式发挥作用的。但人一旦处于整个思辨过程中，往往会综合使用各项能力，并且各项能力是交替使用、互为关联的。人们可以通过反省和推理对产生知识的背景、理论、方法、证据和标准作出合理的评判。

该理论强调，反省认知和个体对自身思维过程的评价是思辨能力理论的重要组成部分。

三、三元结构模型

美国哲学和教育学家保罗与埃尔德提出了思辨能力的三元结构模型。三元结构模型的具体结构如图 2-3 所示。

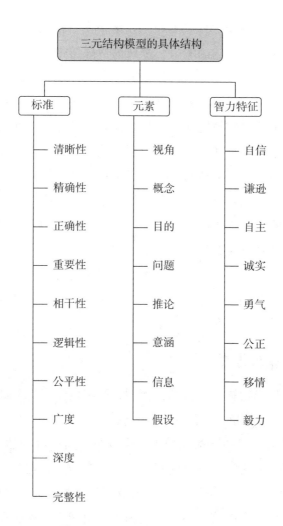

图 2-3　三元结构模型的具体结构

　　三元结构模型主要包括三个主要部分：标准、元素和智力特征，这三大元素共同形成思维的循环链。

　　传统的西方哲学范畴认为，认知技能和情感倾向是两个独立的体系，二者之间没有交集。但是对于现代教育技术的研究发现，认知技能和情感倾向存在关联，并相互影响、作用，这一点在上述的双维结构模型也得到了体现。

和单维结构模型相比，双维和三元结构模型存在共同点：它们在模型中都增加了对情感倾向的考量，都认为情感纽带是认知发展过程中的环节。双维结构模型和三元结构模型的不同点在于：双维模型是以认知技能为主导和出发点；而三元模型以标准为出发点，以思维元素为连接点。双维模型中的认知技能和情感特质是相对独立的，在思辨能力发展过程中既可以单独发挥作用，也可以联合发挥作用；而三元模型中的标准必须用于指导思辨能力评价体系的界定和开展。三元结构模型不仅能够完善自我评估、自我反省、自我调控的思维发展模式，而且可以在评价他人的思维能力时提供有益的参考。三元结构模型着重强调了人的自我调节和反思能力的重要性。

在国际上，除了以上 3 个有代表性的思辨能力模型，还有其他诸多学者根据各自对思辨能力的定义而研发出的不同类型的思辨能力模型，篇幅所限，不再一一赘述。

四、三棱结构模型

我国学者林崇德提出三棱结构模型，与美国学者保罗和埃尔德提出思辨能力的三元结构模型在同一年，也就是 2006 年。

林崇德提出的三棱结构模型中，强调智力是一种为达到某种目的，在发现、分析、解决问题过程中所需要的思维能力，它离不开自我监控和非认知因素的作用，也离不开特定的物质环境和社会历史环境。

思维结构是一个依赖一系列环境因素，由智力因素和非智力因素交互作用的系统，它靠逐步内化和结构内部的动力获得发展。

三棱结构模型包括 6 个因素——思维监控、思维品质、思维过程、思维材料、思维目的、思维活动中的认知与非认知因素，该模型着重体现了对思维结构的理解。思维结构是一个有目的、有过程、有结果的系统。

三棱结构模型的设计表现出了思维结构静态和动态的统一：从思维结构的具体结构成分来看，它是静态的，但从其各个结构成分的内在关系和发展来说，它又是动态的。三棱结构模型和三元结构模型有一定的相似之处，但三棱结构模型增加了思维监控的要素，且将用于监控的自我调节能力置于结构的顶部。

该模型的一个优点是将自我调节能力置于顶点，表现了其统管全局的重要地位，即自我调节是一种元思维能力，对认知和非认知能力都起着管控作用。

但是，林崇德并未对自我调节的能力与低层级的其他能力之间的关系加以说明或解释，略显遗憾。

五、元思辨能力层级模型

2008 年，我国文秋芳教授在借鉴特尔斐的双维结构模型，保罗和埃尔德的三元结构模型和林崇德的三棱结构模型的基础上，提出了思辨能力的层级模型，模型的具体结构如图 2-4 所示。

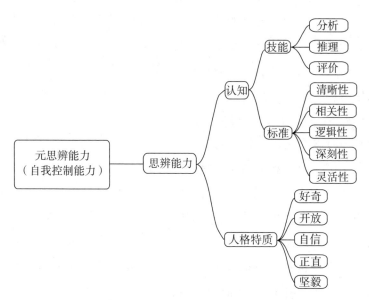

图 2-4　元思辨能力的层级模型

文秋芳认为，元思辨能力应该先于思辨能力发生，并引领思辨能力；

思辨能力包括认知和人格特质两个维度；认知又细分为技能和标准两部分，其中标准部分和三元模型中的标准有异曲同工之处。

认知维度包括分析、推理、评价这 3 项技能，它们同时也是该模型的 3 项核心技能。对于这 3 项核心技能的定义，文秋芳阐述为"分析技能主要包含归类、识别、比较、澄清、区分和阐释等技能；推理技能主要包含质疑、假设、推论、阐述和论证等技能；评价技能主要包括评价预设、假定、论点、论据和结论等技能"①。

清晰性、相关性、逻辑性、深刻性和灵活性共同组成了认知维度的标准，其中，"清晰性"指思辨过程需要清晰、精确；"相关性"指思辨内容要与主题关系密切，详略得当、主次分明；"逻辑性"指思辨过程要条理清楚、有理有据；"深刻性"指思辨要有广度、有深度；"灵活性"指应对各种状况和问题时要根据实际，快速而熟练地交替使用多种思辨技能。

5 种人格特质分别为好奇、开放、自信、正直、坚毅。"好奇"指好疑、好问，对新鲜事物充满好奇，善于从常见现象中提出新问题，对新知识、新技能有强烈的学习欲望；"开放"指心胸开阔，能包容、尊重不同意见，乐于改正自己的不当观点；"自信"指相信自己的判断能力，敢于挑战权威；"正直"指以追求真理为思辨的目标，伸张正义并非为了个人私利；"坚毅"指有决心毅力，锲而不舍。

该模型有两个突出的特点：

第一，第一层次和第二层次是上下层的关系。

元思辨能力掌控和引领思辨能力，在思辨能力中，着重突出了主观能动性的主导作用，弥补了三棱结构中层级关系不明的缺憾。

第二，对双维结构模型和三元结构模型中各维度所包含的内容做了精简。对双维结构模型中的技能做了整合，列出了 3 项核心技能；将三元结构模型的标准由 10 条精简为 5 条；归纳出了 5 种人格特质。

---

① 文秋芳."云连接论"的构想和应用 [J].外语教学与研究,2022,54(1):66-78,159-160.

整体来看，层级模型层次清晰、重点突出、认知要求和情感特征明确。

第三节　思辨能力的影响因素

针对个人的思辨能力的影响因素主要可以从社会文化因素、个人因素、教育因素这三大因素着手进行较为详略的分析。

一、社会文化因素

针对社会文化因素的研究，要从社会环境对一个人的影响进行分析。对于一个人而言，他所处的社会文化环境可以塑造出一种独特的认知模式，其中思辨能力也属于其中的一部分。

对于一个人而言，思辨能力实际上是他在成长学习过程中，可以通过个人的主观努力，主观选择习得的一种常识性、隐性的思维方式。

自我建构、调控模式和自我效能感等相关文化因素也会影响学习者的思辨能力。不仅如此，学习者受到已有的群体文化影响，更愿意追求共性，不愿意破坏原本较为和谐的人际关系，都会成为影响学习者思辨能力的因素。

当然，随着针对思辨能力研究的不断发展，社会文化因素作为影响人思辨能力的重要因素这一观点已经受到了挑战，越来越多的学者质疑以社会文化定义某一类社会群体的思辨能力这一做法。思辨能力并不是仅仅存在于某一种文化之中，以亚洲学生和欧洲学生的英语学习方式和思考方式为例，无论是亚洲学生还是欧洲学生，在质疑传统教学方式方面无太大的区别。

二、个人因素

学生是独立存在的个体，除了会受到社会因素的影响，学生个人也是一个极为活跃的影响因素。通常情况下，一名学生的性别、年龄（或学习年级）和语言水平都可能会影响他的思辨能力。

过往的众多测验中，几乎都可以得出较为一致的结论：男生在数学测验中的表现比较好，女生则在语言测试中表现更为亮眼。将议论文写作作为一种测验时，不难发现，女生较为擅长的是议论文的写作，但是男生可以在推理测验中表现更佳。议论文既要求写作者具备写作能力，又需要写作者具备一定的思辨能力，经过对比，不难发现写作者在议论文写作水平和思辨能力方面所存在的性别差异。

不同年龄的学生之间同样存在思辨能力的差异。通常情况下，高年级的学生往往思辨能力会高于低年级的学生。无论是从日常写作中，还是从语言交流表达中，都不难发现高年级学生往往具备着更高的表达水平。当然，这也不是绝对的，也需要根据具体情况具体分析。

语言水平也会成为学生思辨能力表达的制约因素。根据认知负荷理论，一个人的大脑工作记忆容量有限，只能储存和加工较少的信息。对于语言水平较低的学生而言，因为语言水平的限制，完成思辨能力任务的时候也会消耗额外的认知资源，最终导致学生的认知超载的情况出现。

对于学习第二语言的学生而言，他们需要将一部分的工作记忆应用于解决语言的问题，这就导致他们难以高效解决问题。学生使用第一语言能表现出的思辨能力和认知成熟度远远超过使用第二语言时表现出的思辨能力，因为受到第二语言的交际限制，学生谈论的内容减少，使用的词汇语法结构也有限。也就是说，与第一语言相比，学生使用第二语言完成同一思辨能力任务的难度增加，需要更多的认知资源支持。国内研究者也发现，中国学生在用英语写作文时，不是写想表达的思想，而是写能表达的思想。甚至现在已经有一些研究表明，学生的英语水平与其思辨能力呈现出正相关的关系。

三、教育因素

毫无疑问，教育因素是影响学生思辨能力的活跃因素，影响学生思辨能力的因素主要有：教学方法、教育氛围、课程设置等。为了更加便于理解，下文将以英语写作为例子，简述教学因素对学生思辨能力的影响。

对于英语写作而言，话题熟悉度和写作任务的呈现方式是影响学生思辨能力表现的两个关键因素。对于写作者而言，利用已经较为熟悉的内容作为写作的话题，或者利用已有的知识可以将写作的思路变得更加顺畅。熟悉的话题，往往是一种已有图式，减少了认知的难度，也可以为写作者提供更多的论点与论据，帮助写作者按照自己的已有观点完成写作。较为复杂的话题往往会影响学生的写作水平。针对较为熟悉的话题，学生可以针对性地质疑权威的话题，表现出较好的思辨能力。

不同的任务呈现方式也会影响学生思辨能力的表达。较好的任务呈现方式必然会影响到信息存储与加工的最终效果，也会影响到学生任务处理的过程和最终结果。以听力教学为例，对于同时为学生呈现音频、视频、文字材料是否会更好地帮助学生理解听力的材料，尚未有一个较为一致的看法。但是几乎所有的研究者都认可，写作任务的设计方式会严重影响学生的思辨能力的展现。写作任务以文本、图表、图片、视频的形式呈现，在完成不同方式呈现的写作任务时，体现出了较大的不同。同时，写作任务中文本呈现的长短也会影响学生的写作效果和思辨能力表现。读写结合的方式有助于提高学生的思维能力，因为学习者在理解、分析、建构输入材料的过程中会使用一系列思辨技能以进行有质量的输出。

第四节　思辨能力的测试评价

西方国家针对学生思维能力的测试，始于 20 世纪 80 年代，发展至今，较为成熟。我国王建卿、文秋芳等学者曾针对七种国外的思辨能力进行分析与研究，如表 2-1 所示。

表2-1 国外七种思辨能力具体信息

时间	编制者	测量工具	测试对象	测试内容	测试题型
1992	Peter Facione N.C.Facione	CCTDI	大学生、中学生	寻求真理、思想开放、分断能力、系统性、自信心和认知成熟	Likert 等级量表（客观题）
1990 1992 2000	Peter Facione	CCTST	大学生、中学生	分析、评价、推论、归纳、演绎	多项选择（客观题）
1980 1994	Goodwin Watson，Edward M. Glaser	WGCTA	9 年级以上学生及成年人	推论、识别假设、演绎、判断结论是否可信以及评价论证	阅读与多项选择（客观题）
1985 2005	Robert H. Ennis，Jason Millman	CCTT-Z	大学生、成年人、中学生	归纳、观察、可信性，假设和定义认可、意义与谬误	多项选择（客观题）
2003	英国剑桥大学	CTSA	大学生	问题解决和思辨能力：概括结论、推论、识别假设、评价相关信息对论证影响、识别推论错误、匹配相似程度运用潜在规则	多项选择（客观题）
1996	Richard Paul	ICAT-CTET	大学生	分析与评价：论点、目的、信息资料、作者观点、假设、推论、结论	短文分析与评价（主观题）
1985	Robert H. Ennis，Eric Weir	EWCTET	大学生、中学生	抓要点、明白理由和假设、陈述要点、合理推论、理解其他可能性、对错误推理做出适当回应	阅读与写作（主观题）

根据上表所示，20 世纪 80 年代到 20 世纪 90 年代可以称为思辨能

力测试发展的黄金阶段，大部分的量具都是在这一时间段推出的。也正是这一时间段针对思辨能力的测试有了较为明显的突破，西方教育界也在这一时期，将思辨能力的测试与培养视为一大教育重点研究内容。

已有的量具可以分为主观性量具和客观性量具两种类型，以大学生和高中生中一些思辨程度较高的高中生作为测评对象。客观性量具以选择题或利克特量表为主要形式，主要测试分析、推理和评价能力，如加利福尼亚思辨技能测试量表（CCTST）和剑桥思辨能力评测（CTSA）；主观性量具则主要通过阅读与写作、短文分析与评价的形式来测评思辨能力，以国际思辨能力评测中心思辨短文测试（ICAT–CTET）和恩尼斯 – 韦尔思辨作文测验（EWCTET）为代表。

我国针对思辨能力的测试仍然处于一种较为初级的阶段，我国现有的思辨测试工具主要以对国外量具的翻译与修订为主。国内学者自行编订的思辨能力量表存在数量少、缺乏可靠的信效度检验等问题，而且国内的思辨能力测试对象以大学生为主。我国学者罗清旭曾经试图开发一种以综合评判为基础的思辨能力测试新技术，但该方法只进行了小规模测试，其可行性和有效性需进一步检验。文秋芳等学者曾经编制并使用了中国外语类大学生思辨能力量具和中国外语类大学生思辨倾向量具，量具信效度高，但其测试对象主要是大学生而非高中学生，测试的群体有一定的局限性。

综上所述，目前国内外已经开发或者是编译出的各种种类、题型、项目的思辨能力测试工具，各自具有一定的长处和特点，同时存在一定的缺陷。当前的思辨能力测试工具绝大部分都是客观性量具，测试对象主要为大学生，测试的项目主要包括分析能力、推理能力和评价能力。

一项好的思辨能力测试工具，应该可以较为准确地诊断出学生当前的思辨能力水平，并且可以及时针对学生的思辨能力予以反馈，以此激励学生进一步提升思辨水平，从而帮助教师明确学生当前的思辨水平。

客观性量具（如选择题和利克特量表）能够在短时间内有效地进行大规模测量，所得结果可以进行纵向和横向比较，但可能忽略思辨能力的某些重要方面，不能全方位地测试思辨能力，对学科教学中思辨能力发展的反馈作用也比较小。相比之下，以写作为载体的主观性量具尽管耗时耗力，但它们更能展示学生的知识或技能，提供客观性量具难以提供的信息，有效地测试学生的思辨能力。

第三章　英语课程教学中思辨能力培养的必要性

第一节　高职学生思辨能力的现状及成因

一、高职学生思辨能力的现状

笔者在日常教学之余，与学生交流发现：较少的学生觉得自己具有较强的思辨意识，而认识到自己的思辨能力较低，想去提高自己思辨意识的学生也寥寥无几，大部分学生不认为思辨能力是一种必须具备的能力，甚至有的学生根本就不知道什么是"思辨缺席"。

经过讲解，学生可以意识到在英语的学习中，思辨能力非常重要，并且很多学生认为自己确实存在"思辨缺席"的状况。一些学生在英语听、说、读、写上都缺乏一定的分析能力和推理能力，在英语写作上，很多时候都是按照固定的模板进行写作，或者参考英语范文，缺乏独立思考的能力，甚至在进行独立写作时，语言的前后关联性不强，写着写着就乱了，失去条理，主次不分。对于很多英语中的常识，很多学生依旧以死记硬背的方式学习，有的甚至对于一些句式和语法根本就不理解。

除此之外，教师在教学中，与本科学生相比，对高职学生明显要求偏低，教学比较呆板，至于对高职学生的思辨能力的培养就更少甚至没有。很多高职学生对待英语的学习态度也不是很好，老师说一下，就做一下，老师不说就不做，自主学习能力很差，教师布置的作业，很多学生在完成之后就不再利用业余时间学习英语。有的学生甚至在完成英语作业上都存在一定的困难。这也从侧面反映出高职学生在学习中同样存在"思辨缺席"的状况。

二、高职学生思辨能力缺乏的成因

我国高等教育培养出的大学生和研究生往往都具有较强的理论基础，也具备着较为完善的理论基础，应试能力也相对较强。培养出创新意识和创新能力的学生，才应是我国教育培养的方向。有创新意识的学生往往可以更快地适应较为激烈的社会竞争，满足社会发展的需要。一名学生如果缺乏创新意识，在面对日益激烈的社会竞争现状时，往往会较为被动。如果一名学生缺乏创新能力，他大概率也会缺乏思辨能力。

（一）学生缺乏质疑和批判的能力

学生如果唯书是从、唯师是从，缺乏质疑和批判的能力，那么其思维就会变得机械而刻板。

学生一味地听从、服从、盲从，最终的结果一定是失去了独立思考的能力，也难以拥有思辨能力。学生仅仅是听从教师的指导，不尝试开发自己的大脑，不经思考，仅仅是将信息不断地输入大脑，最终思维模式必然是固化、僵化的，既没有自主性，也不可能会有创新性的突破。

学生需要独立思考，应根据不同的问题，有针对性地思考与质疑，突破自己思维的束缚，培养自己的思辨能力。

教师需要根据教学内容的需要，以多种形式提高学生的思辨能力，提升学生的认知水平，培养学生的分析和总结的能力，使学生可以在众多的信息中进行筛选、分析、评价，适时质疑，最终作出正确的判断，发展成为具有思辨能力的、社会所需要的创新型人才。

（二）忽视了对学生创新精神的培养

在传统教学模式中，教师一言堂，主导整个课堂，教师以教授为主，往往采用语言讲述的方式，将教学内容向学生输出，完成知识的教授，学生则以一种被动反应为主。在此种教学模式中，教师起到了较为重要的作用。

教师的课堂教学模式，会在很大程度上决定教学效果。教师的主导倾向较为突出，当学生的主体地位被习惯性忽视的时候，课堂教学效果往往会较为死板。教师的"一言堂"会导致学生的学习地位受到影响。学生在学习的过程中即便出现疑问，出现困惑，也会因为教师威严，不敢表达。长此以往，学生在学习过程中仅仅是处于一个接受者的地位，很容易形成一种思维定式，仅将教师教授的知识储存在大脑之中，没有形成思辨思维。此种教学模式，忽视了学生学习的积极性、主动性和创造性，这样的培养方式，必然会导致学生缺乏创新能力。

（三）教育评价体系限制了学生批判性思维的发展

应试教育主要考查学生对知识的记忆、理解和应用等低阶思维，而不是对知识的分析、综合和评价等高阶思维。传统的教学评价，过于注重结果的终结性评价而忽视对过程的评价，压抑了学生学习的自信与积极性，使学生不能适时地认识自我、反思自我，学生的自主学习能力和思辨思维得不到应有的训练与发展。

教育评价，包括升学考试时，不应该死板地绝对依据标准答案，而应该只要言之有理，就不囿于所谓的"权威"，这样，学生的思辨思维才能得到锻炼和发展。

第二节　培养高职学生思辨能力的重要意义

对于学校而言，培养具有思辨思维的学生，是现代学校的重要使命。"到底应该培养怎样的学生"这一问题的答案是全世界的学校都在探索的。

对于高职学生而言，必须具备一定的思辨思维，这对于学生个人的能力发展、个性的全面发展、社会的经济发展都起到了正面的影响，甚至对于整个学校的改革与发展，都有着较为明确的理论意义和实践意义。

一、思辨能力是帮助学生应对未来的能力

在这个信息、知识大爆炸的年代,一味简单地照搬过去的经验,已经不适应现在这个时代的发展。思辨思维可以帮助人们在问题的引导下逐渐找到相关线索,便于大脑进行全面分析与权衡对比,最终选择一个相对完善可行的行动方案。

当今社会信息发展迅速,每一天,甚至每时每刻,每个人都面临着各种各样的问题,每个人必须在众多的信息条件中,筛选出自己所需要的信息,这个筛选信息的过程,实际上就需要人具有一定的选择、批判、处理新信息的能力。信息爆炸的时代,信息是不具有主观性的,它们是一些无序的事实与材料,我们不能对所有的信息照单全收,必须在这些信息中,通过审视进行甄选。

之所以大数据、互联网、人工智能无法替代人类,就是因为它们不能将简单的信息转变成有价值的思想。只有具有思辨能力的人才能对信息进行准确的、合乎目的的选择和取舍,避免出现"信息无知"或"信息消化不良"的状态。

人对信息的认知能力、敏感程度及开发利用能力,都会决定人能否有效地使用信息。因此,人的思辨思维是至关重要的,人一旦失去了独立思考的能力,有可能被信息的浪潮所席卷,被各种不知道是否正确的解决方案迷惑心智。

二、思辨能力是学生心理与个性发展的需要

人的心理发展是一种不断内化发展的过程,使人实现个体的建构与价值引导之间的对立与统一,在这个过程中,思辨性思维起到了重要的作用。人的心理发展本质上是对社会现有文化的一种扬弃,不是翻版的社会文化。个体不应该毫无保留地将所有的信息全部接收,应该带有自己思考的批判性理解并且选取出有价值的信息。个体的认知与选择主要是建立在原有的经验基础上的,人的思辨思维可以引导人更好地作出选择。

教育就是要发展人的个性，不能对学生进行强制灌输，将学生的个性泯灭。教育应该为学生提供可能的发展空间，使学生可以独立思考、独立判断、独立选择，最终形成正确的价值观与独立的人格。

　　教育的目的，一方面，是促进个体继承现有的文化，另一方面，也是在继承的文化基础上，创造新的文化。这就需要思辨思维的主动参与。思辨思维是培养人的独立人格的重要基础。社会民主建设需要人具有独立人格，社会公民不能偏听偏信，更不能偏执盲从，以致失去较为审慎的思考与明智的判断。

　　思辨思维强调人对各种观念进行理性检验、分析与超越的意识与技能，从而进一步探求行动的根据，并把行动建立在理性思考之上。

　　综上所述，思辨能力是一种重要的能力，它强调人对各种观念进行理性检验、分析与超越的意识与技能，思辨思维的研究价值与研究意义都是难以估量的，无论是从理论上还是从实践上都是值得进一步探讨的重要内容。尽管现在强调学生的思辨思维不是由单一学科塑造的，需要多学科、多课程综合培养，但是因为英语课程占据的教学课时较多，覆盖面较广，所以英语课程应当承担起培养学生思辨思维的责任。

　　思辨思维培养应该渗透到英语教学的方方面面，改变过去仅仅强调"听说读写"技能的培养的状况，一步步培养学生的思辨能力，使学生由知识的被动接受者转变成为知识的主动参与者，培养学生的批判性思维能力。

第三节　英语课程教学中培养思辨能力的特殊性

　　在英语课程教学中培养学生的思辨能力具有一定的特殊性，想要具体分析，就需要针对课程的性质进行分析，确定其中的知识性内容，以及该课程的培养需求。

一、英语课程性质

高职院校中开展的英语课程是一个综合英语类、语言技能类、语言应用类、语言文化类和专业英语类等必修和选修课程有机结合的课程体系。英语课程可以归入人文学科的范畴。所有的人文学科都强调了"广泛理解各种思想，创造性地思考和流利地表达"这一要求，也就是说，对于人文学科而言，要促进学生从更宽广的视角看问题，一步步拓宽学生的学术视野。在这一过程中，学生可以不断发展自我，实现个人的成长，他们的思辨能力也会自然而然地有所提升。

英语课程并不是一门简单的语言基础课程，学生需要在教师的引导下，充分利用各种教材，学习知识，了解世界。因此，英语课程教学是教师将英语课程中的知识与技能传达给学生，学生实现自身的内化，最终转换为个人信念，并在英语学习的过程中，自觉地将包括思辨能力在内的多种能力作为自己行为的导引。

英语课程教学旨在培养学生的英语综合运用能力，特别是听说能力，这对于高职的学生而言具有较为重要的意义。学生在掌握一定的听说能力后，可以在将来的学习、生活、工作中，将英语作为自己的应用语言，实现有效的交际。当然，英语课程教学并非教师单方面地灌输，学生也会在英语课程中，逐渐提升自主学习能力，提升综合文化素养，以便适应日常生活与交流的实际需要。

对于学生而言，英语课程的学习，一方面可以掌握一定的英语语言知识，另一方面可以将语言作为一种传递信息的有效渠道。

二、英语课程的知识性内容

英语课程的知识性内容就是语言运用，即个体和群体是如何在一定语境中运用词汇和其他符号系统试图产生和实际产生意义的。

学生通过英语课程的学习，对语言形式如何反映某特定观点作出判断，不满足于表面的理解，在对各种观点作出真正理解后认识到语境的重要性，增强思辨的自信。在自己运用语言形式构筑鲜明观点时更加具有灵活性和创造性，发展更具有反思性、更可控的思维方式。在这样的探究过程中，一个人也总是会有意识地评价、调整自己的认知过程。针对英语的智识探究，与思辨能力需要的认知技能和情感倾向性是类似的。

从本质上看，对语言运用的智识探究是交际能力概念的基石。交际能力就是倡导人在特定社会文化环境中调查和理解语言运用。基于交际能力概念的交际法教学的初衷是反对传统语言教学中对语法规则的背诵和对脱离语境的句子的逐字翻译，推崇说话者以一种理性的方式进行意义的协商。这种意义的协商不仅是指文字及其意义的协商，还包括这些意义在社会背景中运用规则的协商。可以说，学习语言就是学习如何作为一个特定的社会文化群体的一员进行交流。因此，外语交际能力培养不仅包括口语和书面语言的运用，讲话者和听众之间、文本和读者之间的交互，还包括对这种语言运用的社会文化背景的理解。

从内容上看，对语言运用的知识性探究应该是一种深层次的跨语言和跨文化学习。这种学习不是仅仅依靠让学生接触真实的语言材料和可理解性输入，或者是教师对外国文化的一般性介绍就可以获得的，它需要对各种形态的语言（包括口语、书面语、视觉的和电子的）中的话语进行深入探究，关注语言符号的选择、话语特征等语言形式如何反映说话者的思想。这是一种对意义形成过程本身的理解，一种对语言中意义的不确定性以及意义的象征性维度的理解。

三、英语课程的培养需求

英语课程对学生的培养，不仅仅局限于英语语言知识与技能，还需要延展到英语的听说能力，甚至还要延展到文化内容，也就是语言形式以及文字背后所表达出的思想观点，以及对学习过程的深入分析与思考。

英语课程有着培养学生的思辨能力的需求。语言教学必然包含思辨的内容，因为思辨包含定义、归纳、释义、讨论和评价等语言活动。也就是说，语言活动与思辨能力之间有着紧密的联系。

当然，不能将语言技能的发展与思辨技能的发展等同，也就是说，一个人的语言技能水平高，并不代表着他的思辨能力也一定高，这两者之间并不是一种因果的联系。英语课堂上的诠释、分析、评价、推断、解释和自我调整等活动是调用语言资源形成文本的方式，是以新的方式使用语言，是实际存在的，并非一种与语言无关的、看不见的心理过程。英语课程是高等教育体系中一门不可或缺的语言基础课程。

当前，所有学科都面临一个巨大挑战：帮助学生超越原有的知识经验，运用已有经验，并且及时反思经验，改变个体在原有经验上生成的观点，从而改变学生体验世界的方式。在英语教学中，强调语言形式和观点之间的联结，从而使学生逐步掌握、应用、最终建构学习的意义。

综合以上论述，英语课程中思辨能力的培养主要集中在英语教学中，以直接或者间接的途径实现学生思辨能力提升这一目标。思辨能力所强调的认知技能与情感倾向，都可以在英语教学中得到有效的促进，促进学生有意愿、有能力去识别、分析和深刻理解语言形式。以此为基础，加强他们对英语的整体性认识，为其成为语言的终身学习者打下基础。认知与英语语言交际能力的结合，是适应未来跨文化交际的需要。

第四章 英语课程教学中思辨能力培养的策略

第一节 转变教学理念和教学目标

一、转变教学理念

英语课程之所以要实现课程教学理念的转变，是因为过去的教学目标更多关注了基本知识的学习、基本方法的学习、基本技能的学习。但是在这种教学理念指导下开展的教学活动，必然是强调知识、技能、方法的培养，并非思辨能力的培养。因此，英语课程教学理念必须率先发生改变，转向强调思辨的能力培养。

世界各国的教学培养目标，早就由纯粹的书面知识的掌握转向了思辨能力的培养，这也是世界各国的终极教学培养目标。20世纪80年代，由美国兴起了一场自上而下的思辨运动，这场思辨运动就是针对教学理念的一次更新。这次运动持续时间久，影响深远。在这次思辨运动中产生了大量的研究报告、论文著作，最终为美国带来了教学理念的变革。这场思辨运动不仅在美国声势浩大，其结果也影响着其他国家，世界各国逐渐将思辨能力纳入教学培养目标。

也就是说，我国英语课程教学理念发生变革，并不只是我国本国的发展需要，而是整个现代教育的需求，是现代化时代发出的呼唤。我国必须将原有的学习型教学理念转变为现代教育所需要的思辨能力培养的教学理念。我国教育只有转变教学理念，才能培养出符合时代需求的人才。

二、转变教学目标

中国英语课程的教学目标必须发生变革，要从过去强调为学生打好语言基本功的教学目标，转变为培养学生知识与能力的教学目标。

（一）知识

关于知识这个概念的界定，曾经引起众多思想家的广泛讨论。到底应该如何划定范畴，至今为止，众多思想家仍未统一观点。

学科不同，人们对于"知识"的定义也会有所差异。有学者认为，知识是一个过程，不是结果。也有学者认为，知识是主体与环境或思维主客体相互交换而导致的知觉建构，知识不是客体的副本，也不是由主体决定的先验意识。教育心理学家邵瑞珍把知识定义为主体通过与其环境相互作用而获得的信息。[①]

综上所述，知识的概念较为复杂，并且不同的学科都给出了不同的定义方式。"知识"是一个较为复杂的、多样的、动态的概念，为了便于理解，下文将根据《现代汉语词典》中的定义进行论述。

《现代汉语词典》中将知识定义为："知识是人们在改造世界的过程中所获得的认知与经验的总和"。[②] 按照这一定义，高职学生通过英语课程掌握的知识主要包括两大部分：一是英语语言知识，二是语言相关的认知心理学知识。

1. 英语语言知识

语言知识主要包含三个层次：第一层次是英语语言的口语知识与书面语知识，也就是语言。通过学习，学生可以实现口语表达与书面表达。第二层次是指运用英语学习社会文化知识。经过第二层次的学习，学生可以应用英语完成口语、书面的交流，并且掌握一定的社会文化知识。第三层次是掌握一定的英语语言的理论和方法，也就是说第三层次的学

---

① 邵瑞珍，教育心理学 [M]. 上海：上海育教出版社,1983：69.

② 《现代汉语词典》[M]. 北京：商务印书馆,2005：376.

习则是针对较高水平的语言学习，学习语音学、句法学、语义学、语用学等知识。

2.语言相关的认知心理学知识

认知心理知识主要是指，人建构起语言与大脑或者其他器官之间的知识。学习者在完成语言相关的认知心理学知识的学习后，可以对语言的基本特征、语言的结构、语言的意义有更为深入的了解。

语言不仅仅是一种相互交流的工具，还是一种更为复杂的存在，语言是与人的神经系统息息相关的，因此，认知心理学的学习是十分有必要的。

（二）能　力

能力指的是一个人可以完成某个活动所具备的主观条件。一个人能力的高低会直接影响到他所从事的活动的效率，并且由于个体差异、个性心理特征的差异，不同层次的人对能力的认知有所差异。

广义的能力主要是指：完成某项活动所必备的心理和行为条件，以及完成这项活动的有效方式以及对应的个性心理品质。狭义的能力则是指：确保某种活动可以顺利完成的有效方式以及对应的个性心理品质。[①]

聚焦英语课程，英语课程需要培养学生的主要能力就是本文中反复提及的思辨能力。思辨能力处于较高层次，由大脑控制。

众多西方学者比较认可的观点是思辨包含着两个维度：认知能力和感情倾向性能力。

1.认知能力

在德尔菲项目研究中，强调认知包含了六个核心技能：阐释、分析、评价、推理、解释和自我调控。它们又分别包含若干个子技能。阐释包括归类与理解意义。分析包括分析看法、找出论据与分析论证过程。评价包括评价观点和评价论据。推理包括质疑证据、提出替代假设与得出结论。解释包括陈述结果、说明方法与得出结论。自我调控包括自我评估与自我纠正。

----

① 　张焕庭.教育辞典[M].南京：江苏教育出版社,1989：732.

培养学生的高层次认知可以帮助学生实现从繁杂的信息中寻找到核心信息，并且有针对性地对这些有价值的信息进行准确的评价。

2.情感倾向性能力

德尔菲项目组的研究者将情感倾向性能力分为两个方面：一方面是一般情感倾向性能力，指勤学好问、博闻多识、对机会的敏感、对推理的自信、相信理性、心胸开阔、灵活应变、善解人意、在作出评价时保持公正、在作出判断时保持谨慎和愿意重新考虑；另一方面是具体的情感倾向性能力，包括面对问题时头脑清晰、处理复杂事务时井井有条、勤于搜寻相关信息、选择标准时理由充分、探究问题时专注目标、持之以恒地追求所探究的问题与条件许可的尽可能精确的结果。

由此可知，培养学生的情感倾向性能力是确保学生认知能力得以有效运转的关键。认知能力的培养与情感倾向性能力的培养都是至关重要的，缺一不可。若一个人仅仅有一定的认知能力，但是缺少情感倾向性能力，这样的人可以被称为"能够干事情的人"。有一定的情感倾向性能力，但是不具备一定的认知能力的人，可以称为"想做事情的人"。只有既有一定的认知能力，又具备着一定情感倾向性能力的人，才是既"想做这件事"又"能干好这件事"的人。

毫无疑问，这种既有情感倾向性能力，愿意承担，又有能力完成的人才是当今世界所需要的人才，这也正是英语课程的培养目标所在。

第二节　改进教学方法和教学步骤

一、教学方法的改进

（一）传统的教学方法

1.传统教学的核心理念

事实上，所谓的传统的教学方法主要就是指，教师在黑板上进行讲解，并且适时辅以一定的板书配合，学生在固定的座位进行听讲和练习的教学方式。传统教学的主要活动就是教师根据一定教学进度，将课本上的内容按照一定的标准与要求讲授给学生。学生需要在教师讲授之后，辅以一定的练习活动，按照要求完成一定的课后练习，复习上节课的内容，在必要的时候需要教师补充一定的练习。

语言教学的过程不仅仅是知识的传授过程，更要在教学的过程中实现情感的相互交流。在传统教学方法中，教师需要直面学生，与学生的交流比重必然比较高。教师可以一边教授学生语言知识与相关技能，一边培养学生认识问题分析问题的能力。

也正是教师这种对教学内容的重新理解、再加工、再发挥、再创造的过程，可证明这是一种灵活性较大的教学方法，有利于针对性地因材施教。针对学生的差异性特点，教师也可以采用不同的方案。

当然，无论是何种教学方法，都是有利有弊，难以两全的。传统教学可以在因材施教方面做得比较好，但是传统教学较难呈现出需要现场演示和需要实验的教学。在传统教学中，师生与实践应用往往相隔较远，无论是教师还是学生，在课堂上主要是以"视"与"听"的方式完成教学，难以亲身体验，教学的完整性难以保证。除此之外，在传统教学中，教学主要以教师的教授与学生的学习为主，教师与学生之间的信息交流相对较少。采用这种以知识教授为主的教学模式，教师可能会对学生的学习方法、学习能力的培养等多方面指导不足，影响学生的发展。教学过程过于程式化和模式化都有可能会导致教学过程较为枯燥，而应用现代化的教学设备较少必然会导致教师的综合素养提升较慢。

传统教学依旧存在一定成长空间。传统教学模式只有与现代教学模式相结合，才能焕发出新机。但是相较于现代教学，传统教学也有着较多的优势。

传统教学与现代教学本身就是相互弥补的关系。比如，现代教学中包含的远程教学，可以不被场所和教师的精力影响，一次性面向成千上万的学生。学生即便无法与教师面对面交流，也可以与教师通过互联网沟通，也可以通过互联网实现提问与解答。但是，对于学生而言，教师面对面的教学才能产生更为生动的影响，尤其是对于年龄更小的学生而言，这一特点更为突出。线下教学，也就是传统教学中，学生的专注力更高，也更愿意及时提问。线上教学，有部分同学即便心中仍有疑惑，却选择不再追问，时间一长，甚至有可能形成知识漏洞。

传统教学是以教师为中心、课堂为中心、教材为中心。在传统教学模式下，传授知识就是教师的最重要的任务，教师作为教学内容的传递者，需要筛选出适合的教学方法与教学内容传递给学生。学生在这个过程中，其实也不是单纯地被动接受来自教师的教授，而是也需要在这个过程中，自主选择，再吸收知识，最后实现自主学习。学生是具有自主筛选能力的独立个体。学生在学习的过程中，学会知识只是目标之一。学生更需要在学习的过程中真正找到适合自己的学习方法，培养自主学习的能力，最终实现自我提升。

现代社会是一个信息大爆炸的年代，世界各国的政治经济发展都十分迅猛。这就意味着，国际竞争日益激烈。学生想要发展成为真正的高素质人才，就需要在自己学生生涯阶段，真正做到在汲取知识与文化的同时发展相关的技能与能力，最终实现自身综合素质的提升。学生只能在学校内学到有限的知识，但是学生学习到了学习方法，得到了自我驱动力的提升，必然会促使学生不断提升与发展，即学生毕业后离开了学校这个场域，仍然可以做到不断学习、不断发展，真正成为对学校、对社会有价值的人才。

教学方法一定是服务于一定的教学目的，不同的历史时代，教学目的存在一定的差异，对应采取的教学法也必然有所区别。

2. 传统教学的教学特色

传统教学模式就是在班级授课过程中，教师将教材中的教学内容，以一定的教学方法传递给学生，通常情况下，就是以教师讲课，学生听讲的形式完成。一般情况下，传统教学是以一本教科书作为教学的中心内容，针对不同的学科开展教学活动，教学活动的设计往往是出于教学大纲的要求，导致教学活动与现实脱节。整个教学活动像是一种教师的灌输活动，学生难以主动参与其中。

传统教学的教学特色主要可以从以下几方面叙述。

（1）大班教学。传统教学的一大特点就是教学的容量比较大，一般情况下，一个班级容纳五六十人都是正常的。教师在这种大班教学的情况下，很难做到一一顾及，只能针对大多数学生的共性问题进行讲解。

（2）教师的角色。在传统教学模式下，教师是教学的主导者。这就意味着教师是知识的传播者，甚至是唯一的提供者，教师在知识方面有着绝对的权威，经常选用灌输式的教学方法。

（3）教学时间。教师是按照已经安排的教学时间，按照已经排定的教学时间表上课，教学安排是相对固定的。教师可以较好地在教学时间内管理班级秩序，较为高效地完成教学。

（4）学生能力培养。因为教师教授学生的知识是预设的，所以教学效果容易评价，教师教授的知识也具有完整性。但是教师主导、教师为教学中心的教学活动很容易导致学生失去探究欲望，失去学习的兴趣，失去学习的专注力。学生思辨能力、解决问题的能力也很难在这种环境下生成。

除此之外，传统教学还倾向于研究教法，但是忽视了学法以及教法与学法之间的联系。这种割裂导致教法的针对性不强，缺少实效性。教学需要以教师为主导，学生为主体，如果仅仅关注教师的教法，就是分离了教与学之间的关系，最终降低教学的整体效能。

（二）"后方法"教学法

"后方法"教学法是一种与传统意义英语教学方法截然相反的教学方法。"后方法"教学法是一种灵活、动态又开放的教学方法。"后方法"教学法重新定义了教师、学习者，是一种具有超越性的教学方法。

"后方法"教学法兴起于 20 世纪中后期，基于西方英语教学研究新生的一种超越传统教学方法的一种教学法。"后方法"教学法，不是一种传统意义上的教学流派，而是一种更加灵活、动态、开放的教学思想。

这种思想拒绝将英语教学简单化，它强调在教学过程中充分考虑其他因素对教学的影响，如社会、政治、教育制度对于教学的影响。

"后方法"教学法提出的核心理念，如"学习者自主"和"教师赋权"，本质上是为了解决传统教学模式下教师们一直面对的教学难题。不仅如此，"后方法"教学法强调的一系列新主张，都是对传统教学经验的超越与发展。

1. "后方法"教学法的产生背景

（1）传统教学法存在局限性。教育学界的教育学家在寻找一种行之有效的教学方法，英语教育研究者和应用语言学者也在一直探索更好的教学方法。但非常遗憾的是，无论是定性研究还是实证研究都难以证明：一种教学方法必定优于另外一种教学法。

也就是说，经过几个世纪的探索，也无法断言哪种教学法能够起到最佳效果。事实上，英语教学并非单一学科内容，它需要多个学科的相互支持，也涉及更多的影响因素，这是一种错综复杂的动态系统。教学研究如果简单地将教师定义为专业知识的接受者和教学理论的执行者，就忽视了教师的再加工作用，也忽视了教师内化知识的能力，同时割裂了教学理论与实践的联系。一直到20世纪90年代，英语教学领域达成了共识，即超越教学是一种必然发展趋势，"后方法"教学法也就顺势而生。

（2）后现代主义思潮的影响。20世纪70年代末期。兴起了后现代主义思潮，这冲击了传统的思维方式影响了学术研究。

后现代主义对教学的具体影响包括：对原本强调的单一教学方法提出了质疑，对于教学方法也逐渐开始强调多元性、开放性、相对性和特定性，对于曾经忽视的那些影响教学实践的重要因素，包括学习者的身份、教师信仰、教师专业发展、当地文化等因素都给予关注。

（3）相关学科新发展。认知科学、语言学、认知语言学、应用语言学等相关学科理论的纵深发展，不断丰富着人们对语言教学的认识，为探索英语教学的规律提供了新视角。

①"认知科学"在20世纪70年代后期开始流行，认知科学是专门

研究心智的理论和学说。美国学者在 1975 年把哲学、心理学、语言学、计算机科学、人类学和神经科学这 6 大学科整理糅合在一起，就是为了研究"在认识过程中信息将怎样传递"。认知科学这一新兴学科便在这样的研究过程中诞生。

随着认知科学的不断发展，这 6 大学科内部产生了 6 个新的发展方向，分别是认知心理学、认知哲学、认知语言学、认知人类学、认知神经科学和人工智能。这 6 个新兴学科是认知科学的 6 大学科分支。学科之间互相交叉，又产生出更多的新兴交叉学科，目前国际公认的认知科学学科结构如图 4-1 所示。

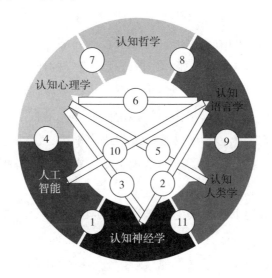

图 4-1　科学学科结构

注：①控制论；②神经语言学；③神经心理学；④认知过程仿真；⑤计算语言学；⑥心理语言学；⑦心理哲学；⑧语言哲学；⑨人类学语言学；⑩认知人类学⑪脑进化探究

认知科学家唐纳德·诺曼 (Donald Arthur Norman）在《什么是认知科学》这篇文章中提出：认知科学是智能的、思维的科学，并且是关于知识及其应用的科学。对于认知科学的范围的了解，可以从认知内容上看到，目前为止认知科学所涉及的主要内容有感知觉、注意、记忆、语言、思维与表象、意识等。这看起来都是心理学家们所关注的问题，但其实也是哲学家、语言学家、计算机科学家、神经生理学家、人类学家们所关心的内容。不同专业背景的工作研究者，对同一个问题，所采取的具体研究方法不同。

②语言学。语言学研究从开始到发展成熟经历了漫长的过程。公元前 7 世纪到 18 世纪为传统语法时期，19 世纪为历史语言学时期，20 世纪的语言学进入现代发展时期。

进入 20 世纪，英语语言学迎来现代发展的蓬勃阶段。索绪尔被誉为"现代语言学之父"，他在《普通语言学教程》中首次提出语言和言语之分，将符号分解为能指和所指，提出语言研究的共时性和历史性两个视角。索绪尔的系列学说和主张标志着现代语言学的形成。

语言学在发展过程中出现多个流派，这些流派促成了语言学研究的不同发展阶段，推动语言学作为学科走向成熟。语言学的理论发展经历了传统语法到现代语言学的转变。现代语言学中，影响力较大的流派包括布拉格学派、伦敦学派、美国结构主义语言学和乔姆斯基转换生成语法为代表的认知语言学。

布拉格学派的主要贡献在于音系学研究以及音系学与语音学的区分。其中，Trubetzkoy 是最有影响力的学者。首先，他指出语音的独特功能，对音素进行准确定义。其次，他通过区分语音学和音位学、语体音位学和音位学，界定了音位学研究的范围。再次，他通过研究音素之间的组合关系和聚合关系，揭示音素之间的相互依存关系。最后，他提出了一套音位研究方法，如音位提取方法和音位组合研究方法。

伦敦学派是语言学发展过程中的重要流派，指英国的语言学派。该学派重点关注情境语境和语言系统，其学说主要包括系统语言学和功能语言学两部分。语言学在正字法、词典编纂、速记系统的发明、拼写改革以及人工语言的创造等方面历史悠久。

曾风靡一时的美国结构主义语言学发轫于 20 世纪初，记录濒临灭绝的美国印第安语，代表人物有鲍里斯、萨丕尔、布鲁姆菲尔德等。结构主义语言学主张语法范畴的定义不应以意义为依据，而应以分布为依据。每一种语言的结构在描述时不应提及所谓的普遍性，如时态、语气和词类。

美国语言学家乔姆斯基（Chomsky）著有《句法结构》（1957）一书，它的问世象征着转换生成语法的诞生，也标志着乔姆斯基革命的开始。乔姆斯基的《句法结构》推动语言学现代发展进入新阶段，且该书将非语言因素纳入语言学的研究范畴，拓宽了语言学的研究广度。

语言学与生成语法相对立，起始于20世纪70年代，于20世纪80年代开始活跃。认知语言学的哲学基础体验哲学认为，意义是通过身体获得、体验并表现出来的。语言在本质上是象征的，是人类认知的重要组成部分，自然是标准。

这些理论虽观点有别、方法各异，但殊途同归，为人类探索语言的奥秘提供了不同的视角和维度，同时为推动语言学理论研究向纵深发展做出重要贡献。理论研究属于基础研究的范畴，是应用研究的依据和根基。理论研究为应用研究提供理论基础，应用研究检验理论研究，并为理论研究提供实践成果。理论语言学与应用语言学相辅相成，从理论和实践两方面为人类解码语言提供方法和证据。

③认知语言学从认知心理学开始发迹，研究始于20世纪70年代。认知语言学研究在起初处于边缘地位，Talmy在1975年发表了《焦点和背景》一文，莱可夫于1976年启动了他的认知语法研究，随即莱可夫在1977年发表了《语言格式塔》。历经四十余载，认知语言发展到现在已成为语言学领域的主流研究对象。

国外认知语言学的研究中两个转向是指社会转向和量化转向。21世纪以来，认知语言学进一步发展，逐步将语言的社会、文化因素纳入研究影响范畴，随即出现了社会转向；认知语言学研究越发依赖于对语料库、脑电位和核磁实验结果的量化分析，实现了认知语言学的量化转向。

认知语言学的社会转向主要源自认知语言学的社会研究。因为对社会维度的侧重不同，认知语言学的社会研究有两种取向：认知社会语言学与社会认知语言学。

认知语言学在以下三个维度有所延伸。

一是沿时间维度的延伸。认知语言学研究从以共时语料分析为主，发展为对历时证据的探究。从实际情况来看，在资料搜集方面，搜集共时语料比历时证据更加困难。因此，大多数认知语言学研究都是对一些共时语言现象的分析和解释。但是随着互联网的飞速发展，有相当一部分的语言学学家著作倾向于历时证据的研究。

二是沿空间维度的延伸。过去认知语言学的研究倾向于针对单一语言。但是随着认知语言学研究的不断深化，研究逐渐沿空间维度延伸，从偏爱印欧语言向世界上其他多种语言延伸。基于对语料库数据的分析，人们对传统的认知语言学中，无法用多义性网络理论区分的词汇、句法语义以及典型意义等一直难以攻克的问题，提出了新的解决方案。

三是沿模态维度的延伸。认知语言学研究从对语言符号或声音单模态的研究，延伸到对伴有肢体语言或手势语的多模态的研究。多模态分析主要用于手语和体势语的认知研究。学者们普遍认同手语和口语一样，是一个系统的谱系结构，都具有认知上的共性。多模态分析是从新的视角也就是通过对手语或体势语的语言现象进行解释，从而探索人类的认知过程。多模态分析与语料库法不同，多模态分析可以灵活地分析如声音动态性、体势、姿势等这些在言语过程中被认为是中度或低度可及性的次级信息系统，可以为认知语言学的研究提供一定的认知理据和语料来源。

认知语言学不再局限于语言学理论框架的研究，从单模态研究逐步延伸至涵盖手势语的研究。同时，认知语言学为手势语的研究提供了丰富的理论依据。例如，Langacker 将词和句子视为音位结构和语义结构组成的象征结构。其中，音位结构包含了声音和手势。不难看出，手势语的研究对认知语言学起到了不容忽视的作用，这是一种隐喻研究。手势语具有隐喻性，和语言表达式中蕴含的概念隐喻有时是具有一致性。研究表明：受试者通常用向上的手势表达积极的事物或行为，往往使用向下的手势表达坏的事物或行为。

2017 年国际认知语言学研讨会将"语言多样性与认知语言学"定为会议主题，也充分体现了"三个维度的延伸"。认知语言学通过时间、空间和模态三个维度的不断延伸，实现了认知语言学研究中共时与历时研究相结合、单语言与跨语言研究相结合、单模态与多模态研究相结合。

④应用语言学。1870 年，波兰语言学家 J. 博杜恩·德·库尔特内（J. Baudouin de Courtenay）提出了应用语言学这一学科名称，并对"纯粹语言学"和"应用语言学"进行了区分。而真正对语言的描述及教学法研究的加速变革始于 20 世纪。

20 世纪初，人们通常通过语法翻译法（Grammar translation Method）教授第二语言。这种教学法始于 18 世纪末期，于 19 世纪得到全面发展。但语法翻译法过于注重对学习者语言分析能力的培养，而忽略了其语言运用能力。同时，该教学法强调目标语的读写而导致学习者口语交际能力的缺失。在这种情况下，基于语言运用理念而提出的直接法得到发展，直接法强调口语教学，将听说视为基本技能，在教学过程中省略翻译步骤，也淡化语法教学。英语教学也对教师的教学水平提出了挑战。针对这些问题，英国的迈克尔·韦斯特（Michael West）在 20 世纪初提出了阅读法，通过对单词的控制和调配，提高学习者的阅读技巧。在第二次世界大战之前，语法翻译法、直接法和阅读法一直在二语教学中占主导地位。

在第二次世界大战期间，美国需要大量外语口语流利的士兵去往前线，传统意义上的语法翻译法、直接法和阅读法已经不能满足快速培训士兵语言技能的需要，但同时，自动机器的翻译和敌方军队密码的破译为应用语言学的发展提供了机会。此时，结构语言学得到了全面发展，并为听说法提供了理论依据，该教学法广泛运用于对士兵的外语强化训练中。

20 世纪 40 年代，语言教师们投入语言学研究队伍，以区别于传统的文学教师，导致了应用语言学学科的诞生。1948 年发行的《语言学习》（*Language Learning*）杂志，其副标题为"应用语言学季刊"（A

Quarterly Journal of Applied Linguistics）。虽然该杂志局限于刊登狭义范围的应用语言学研究相关文章，但它的发行标志着"应用语言学"作为一门独立的学科得到了学术界的承认。1956 年，英国爱丁堡大学建立应用语言学学院，培养专门的应用语言学人才。1957 年，应用语言学中心在美国华盛顿建立。这一系列活动标志着"应用语言学"这一术语开始使用（Grabe）。1964 年，第一届国际应用语言学大会在法国召开，国际应用语言学协会成立，标志着应用语言学进入了独立发展时期。

20 世纪 70 年代早期，学者海姆斯提出了交际能力的概念，强调个人的语言能力不仅包括会写语法正确的句子且还应该知道何时、何地对何人使用这些句子。

20 世纪 80 年代后，许多研究者发现语言教学过程是一个涉及多方面的复杂过程，仅靠某一领域的理论是无法完成的，因此，随着第二语言习得和其他相关学科，如社会语言学、认知语言学等的发展及其在应用语言学中的运用，研究者开始摆脱纯语言学理论的支撑，向多学科、综合性发展。传统的教学方法早已经不适应新的发展时代对教学的要求，时代呼唤新的教学方法的产生。

后现代主义思潮冲击了传统的思维方式，并且对学术研究产生了巨大的冲击。教师在后现代主义思潮中，明确了教师必须形成个人专属的教学理念，拒绝盲从过去的教学方法，开始尝试新的教学方法。

正是相关学科的前进与发展，促使英语教学方法不断前进，以期新的教学方法适用于不断发展的学科。正是在这一背景下，"后方法"教学法应运而生。

2."后方法"教学法的核心理念

2001 年 Stradivarius 发表了"后方法"——以教师自主为核心的三维系统，对教师身份重新定义，包括三个基本参量和宏观教学策略。

（1）三种身份的新定义。

首先，教师不再像过去一样，仅仅是知识的传递者，也不是教师理论的学习者和践行者。教师的身份实际上是教学研究者、教学实践者和教育理论的构建者。教师不是在学会某种教学理论后，将理论照搬于教学实践，而是需要在教学过程中，建构出一套适合于个人教学的概念与原则，甚至生成自己的教学理论。

其次，对学习者身份重新定义。学习者不再是教师的配合者，也不是教师教授什么，学习者才能获得什么知识。事实上，学习者应该实现自主学习，也就是说在"后方法"教学理念下的学习者可以根据学习目标实现自我调控，在教师的帮助下自主学习，发掘自己的内在潜力。

最后，对教师教育者重新定义。德国著名的教育学家、哲学家康德（Kant）在他的教学著作《论教育学》中，明确提出"人只有靠教育才能成长，人完全是教育的结果"以及"从不存在没有教育者的教育，教育总是通过教育者来进行"等观点。[①]由此可知，教育者必先受教育，教育者也需要教育者，这从属于的教师教育研究中需要探讨的问题。

（2）三个基本参量。"后方法"英语教学理论强调组织英语教学的原则，是以特定性、社会可行性和实践性作为基本参量。

①特定性。在一定的社会文化环境中，教师需要在一定的教学环境中，按照一定的教学目标，面向具体的学生。那么，面对不同的教学环境和不同的学生时，教师也不应该采用同一种教学方法。教师需要在特定的教学环境中，面向特定的学生时，采用特定的教学方法。

②社会可行性。英语教学是一种语言教学活动，语言的学习最终是指向实践与应用的。这就要求教师对社会环境保持敏感。无论是政治、经济还是文化，教师都需要注意，而不要将语言教学仅仅停留于课堂之上，将英语教学与社会环境相割裂。教师需要始终将学习者的语言需求与社会对于人才的需求紧密相连。

③实践性。教师培养的学生，是可以将语言作为交际工具使用的学生。教师不能仅仅将相关理论知识教给学生，而需要在教学实践中验证或者创造理论，再将理论应用于教学实践之中。

---

① 康德.康德论教育[M].李其龙，彭正梅，译.北京：人民教育出版社，2017：179.

教师必须将学习者的语言需求和社会需求紧密相连，使特定性、社会可行性和实践性三个参量实现三位一体，共同影响教学实践的开展。

（3）后方法教学法的教学策略。"后方法"教学法强调了要转变教师的身份，要将教师转变为教学的探索者与实践者。"后方法"教学法中提出了宏观策略框架，主要包括：学习机会最大化、感知错配最小化、促进协商式互动激活直观启发、语言输入语境化、综合语言技能、培养语言意识、提高学习者自主性、提升学习者文化意识、确保社会关联性。

①教师认知策略。该框架中，教学被视为一种创造和运用学习机会的过程，教师与学生之间有更多的良性互动，教师的意图能最大限度地准确表达，学生也就能够最大限度地准确理解，避免了师生之间的意图错配。教师采用多样化的教学设计，搭载语篇，讲授语音知识、听力知识、语法知识、词汇知识、句法知识等相关知识，并且充分锻炼学生的听说读写技能，学生可以在教学中获得最大限度的教学收益。

教师这种以学生的情感需求为导向，考虑学生情感因素对教学影响的教学方法，可以引导学生透过语言现象本身，感受语言背后蕴含的情感内涵。学生在犯下明显错误时，教师也可以及时给予反馈，帮助学生修正错误，并且教授学生采用一定的教学策略，转变学生的学习态度，使学生对自己的学习负责。教师也可以帮助学生熟悉英语文化，培养学生对英语社会的政治、经济、文化等元素保持一种敏锐的洞察力。

②阅读策略。一是阅读中的监控策略，阅读对于学生而言，不仅仅是内容输入的过程，学生需要在这个过程中实现自我有意识的监控。

学生可以从三方面对自己的阅读进行有效的监控：方向监控、进程监控、策略监控。

方向监控，就是指学生需要明确教学的目的，按照教学目的确定是精读材料还是泛读材料，阅读过程中，到底是明确文章的主旨大意即可，还是需要寻找到某个具体的细节信息。在明确阅读目的之后，学生才可以选择到底是用速读、略读、还是跳读的方式完成阅读。

进程监控，指的是学生需要一边阅读一边完成自己的思考，有意识地观察材料中提示的信息。比如，有生词出现，学生需要根据上下文猜测词义，根据文章猜测作者的思想观点，等等。

策略监控，指的是学生需要在阅读的过程中，及时自我提问、自我审视，思考自己的答案是否正确。

二是阅读中的调节策略。学生可以针对自己阅读中遇到的各种问题，有针对性地进行调整与适应。当学生在遇到阅读中不理解的地方，需要及时复读，或者通过查找相关资料解决阅读中困惑。

三是阅读中的元认知策略。阅读中的评价策略实际上是对学生进行阶段性评价，这是元认知策略的重要构成部分，也为提高学习效率提供保证。学生在完成阶段阅读之后，对自己进行必要的反省与反思，确定自己是否完成了阶段性的任务，审视自己阅读任务完成的质量。

学生在完成自我审视之后，教师也应该在学生的现有阅读水平之上，帮助学生改进阅读方法、养成良好的阅读习惯。教师需要教会学生抓住有效信息，以句子的意群为阅读单位，通过这样的方式提高阅读的速度与准确率。学生在进行评价的过程中，可以采取自评与他评相结合的方式，充分客观地展现出自己的学习状况。学生需要对自己的阅读情况充分反思，并在阅读过程中作出正确处理新信息的决策，丰富自己的阅读储备，形成属于自己的阅读元认知，掌握属于自己的阅读策划、启动、实施、监控、评价的有用技能。

在阅读教学中，教师需要做指引和总体把握的工作，要做好"总舵手"，明确学生正在朝着正确的方向航行，关注学生在阅读过程中遇到的种种困难。

从"后方法"教学法的特定性角度来看，教师可以采取一定的测试手段，筛选出学生的阅读薄弱环节，然后从薄弱环节或者重点环节着手，始终与学生保持一种较为良性的互动交流，从学生的正向反馈中获取积极有效的信息，并有针对性地调整自己的教学方向与教学重心。

从"后方法"教学法的实践性角度来看，教师需要采取一定的元认知策略，但是这不意味着教师要死守教条。教师需要以一种相当审慎的态度，对待这些已有的元认知策略。教师需要营造出一个具有活力的教学场域。这就意味着，教师需要将有效的元认知策略积极应用于自己的教学活动中，将已经无效甚至起到负面效果的元认知策略抛弃，主动挖掘出一些更有效的元认知策略，为教学活动不断输入活力。

从"后方法"教学法的实践可行性角度来看，虽然教师开展的是英语教学活动，部分教师也愿意选择英文的材料作为阅读教学的材料，但是这些阅读材料极具外国文化风格，可能会激起学生的抵触情绪。为了避免学生出现这种抵触情绪，也为了激发学生的阅读兴趣、建立学生与阅读材料的联系感，教师可以为学生适当增添一些关于中国的材料。教师可以引导学生以英语的视角看待中国的传统与文化，这既会为学生营造一种新鲜感，又会为学生营造一种对材料内容的熟悉感。

3. "后方法"教学法的教学特色

从不同维度加以分析，"后方法"教学法的教学特色也存在一定的差异，可以按照教学的基本要素进行划分，可以按照"后方法"教学法的萌芽、生发的时代环境和现代教育的教学要求进行划分。除此之外，"后方法"教学法的教学特色还有很多，总结起来，有综合性、开放性、系统性、完整性、发展性、科学性、人文性、主体性、民主性、多样性、现代性、阶级性、技术性等。它们都从某一角度反映出"后方法"教学法的教学特色。

当然，因为"后方法"教学法本身就处于一个不断发展的进程中，这就意味着，"后方法"教学法的特色是不断变化发展的，并且"后方法"教学法的教学特色也是相互联系、相互影响、相互转换的。因此，我们不能简单地用几个词语概括"后方法"教学法的特色。即便明确了"后方法"教学法的教学特色是多样化的、动态发展的，但在研究"后方法"教学法的教学特色时，仍然可以从以下几个方面进行探索。

首先，在数字化技术高速发展的今天，"后方法"教学法有现代教育技术的支撑。现代教育技术不断发展，对于教学而言起到的是一种有效的技术保障作用。

其次，"后方法"教学法是以人的全面发展为核心的，并且"全面发展"的内核正在不断被丰富着。追求人的全面发展可以说是现代社会每个人的追求，这也是"后方法"教学法的核心所在。

再次，"后方法"教学法不断完善的原因，主要是有"后方法"教学理论指导。伴随着"后方法"教学法理论的不断完善，教学实践也将被有力推动并向前发展。

最后，从本质上说，"后方法"教学法是一种对传统教学方法的发展与超越。想要明确"后方法"教学法的特征，必须从教学的基本要素着手。教学的基本要素：教学目的、教学内容、教学原则、教学方法、教学评价。

"后方法"教学法是一种从教学整体性角度着手的教学整体的现代化。这不是有的人所认为的那种针对某一方面的现代化，而是一种全方面的现代化。教学方法的现代化不能简单地等同于教学条件的现代化。事实上，"后方法"教学法除了实现了办学条件的现代化、教学设备的现代化，更是强调教学思想、价值观等方面的现代化。"后方法"教学法的基本特色主要包含以下几方面。

（1）全面发展性。后方法"教学法关注学生的全面发展，这与以"知识经济"为主要特征的时代是相匹配的。当今时代需要的人才是与时俱进、根据社会发展的需要不断完善自我的人才。当今社会需要的人才应具有一定的创新精神，可以在自己的岗位上实现个人价值与社会价值的统一。"后方法"教学法注重培养学生的创新能力，并且发展学生的个性特征，学生可以在"后方法"教学法的指导下，实现知识、能力、全方位素养的快速提升。

（2）开放性。当今社会所需要的人才不是仅仅精通于某一方面的人才，现代社会越来越强调培养学生的综合能力。"后方法"教学法强调将原有的教学内容进行有效的整合与开发，强调科学学科与人学学科并重，强调社会需要和个人需要并重。"后方法"教学法打破各个学科都各自为政的现状，促进社会学科、自然学科与其他学科之间的交叉相融，强调知识的整体性，这是当今社会教育改革的重要发展趋势。

"后方法"教学法不仅仅关注社会发展的需要，还关注学生个人发展的需要。因此，"后方法"教学法关注培养的人才的质量，提升培养的人才的质量，兼顾了社会与个人发展的需要，提升学生个人素质、思维能力、社会实践能力、整合组织能力等。"后方法"教学法是基于现代化发展的需要，整合个人发展、当代科学与生产发展，对教学内容进行有机的整合与协调。

（3）全面性。后方法"教学法体现出教学目标的全面性，"后方法"教学法突出了对学生学法的研究。传统的教学方法强调的是对知识的传授，一定程度上忽视了其他方面的培养。比如，传统教学法往往会忽视对学生情感素养、元认知能力、兴趣等方面的培养。"后方法"教学法关注学生的智力发展。当然，智力因素不完全等同于学校教授的知识。面对学习型社会的发展需要，"后方法"教学法除了关注"教"的因素，同样对学生的"学"进行了有效的研究，提出了一些适用于学生"学"的要求的教学原则。

（4）多样性。多样性在此处主要指的是教学形式的多样性。正如前文中提及的，现代教育技术对于当今社会而言，早已经成为现代教育关注的重点所在。除此之外，"后方法"教学法也采用诸如个性化教学、小组教学、个人演讲等多样化的教学形式。教学手段也在逐渐发展，随着现代化程度不断提升，现代教学中已经有越来越多的现代教学设备应用于教学之中。采用多样性的教学形式最终还是为了培养学生的个性化和创造力。

（5）民主性。现代教学已经逐步改变原有的师生关系，建构起新的师生的关系。以教学评价为例，"后方法"教学法强调教学评价的发展动能，并且强调教学评价的科学性。

教学评价是教学过程的重要一环，教学评价的主要目的是反馈教学信息。通过反馈，教学评价可以引导调整教学进度和教学内容，教学评价倾向于为促进学生的发展而服务。教学评价的调整不是孤立存在的，教学评价改善了原有的教学流程。

4.传统教学法和"后方法"教学法的融合建议

无论是传统教学法还是"后方法"教学法，其实都不是完美无缺的，可以说，二者都存在一定的优势与不足。将二者有机组合，取长补短，克服了传统的教学方法存在的一堂课传授的教学信息相对较少的问题，也保留了传统教学法可以有效地实现师生之间的友好互动这一优势。因此，将传统教学法和"后方法"教学法有机结合才可以实现教学效果的最大化。

（1）处理好两种教学方法之间的关系。教学方法是教学系统中的一个重要构成要素，教学系统中的各个要素都是紧密相连的。教师根据自己所具备的教育思想、最终导向的教育目标，以及根据差异化的教学环境和学生特征，往往采取不同的教学方法。由此可知，教学方法的选择是与众多因素紧密相连的，教学方法是教学活动中一个重要的影响因素。

所谓的将传统的教学法与"后方法"教学法相融，并不是说将传统的教学法与"后方法"教学法简单地叠加，或者是各自分配一定的比重。而是切实结合现实教学的需要，选择真正行之有效的教学方法，促使教学发挥出最大的能效，突破原有教学方法的局限性，取长补短，促进最终教学效果的生成。

传统教学在教学工具的选用方面存在一定的局限性，这一点在过去的教学活动中已经体现了，但是如果教师愿意改变原有的教学方法，将演示法、实验法等"后方法"教学方法与传统教学方法相结合，则可以收到较好的效果。

（2）教师应该掌握 CAI 课件制作技术。上文已经提及，传统教学方法必须与"后方法"教学方法紧密结合，即教师在教学过程中发挥传统教学的教学优势，并掌握 CAI 课件制作技术，以实现计算机辅助教学的最大优势。教师为了提升教学效果，可以充分利用计算机的各种优势，（主要包括计算机高速运算，计算信息量大、便于查找信息等）在较短的时间内为学生提供大量的知识与信息，辅助教学活动。

部分教师在备课时，在制作课件的过程中选择将大部分的教学内容一股脑地投入教学课件之中，上课的时候就是针对教学课件一一讲解。

毫无疑问，这样的教学方式可以在很大程度上减轻了教师的备课负担与教学负担。但在现实教学过程中，学生难免因为感到枯燥而降低学习的积极性，难以达到预设的教学效果。

教师在制作教学课件的时候，不需要将所有的教学内容全部呈现在学生面前，只需要将其中难以在黑板上呈现的教学内容展现在教学课件中。比如，教师可以将教学中涉及的相关概念、图表、数据、图像等展现在课件之中。或者是教师仅需要将教学的线索呈现在课件中，将教学课件作为教学的一条有效线索，以指引教学活动的开展，但是教师不应受到这条线索的干扰。

（3）教师主动应用"后方法"教学方法丰富教学的环境。"后方法"教学方法相较于传统的教学方法而言，可以为学生呈现出一个丰富多彩的教学环境，为教师起到正向影响的作用。教师如果采用多媒体将原本的教学内容以一种音频或视频的方式，生动形象地呈现在学生面前，或者是将多媒体与传统教学方法紧密结合，使学生在学习过程中有一种身临其境的感觉，能有效地激发学生对于所学知识的理解，并且能对学习的内容产生较为浓厚的兴趣。学生还可以在这样的教学环境中，培养学科探索精神，这对学生的全面发展起到了正向作用。

（三）POA 教学方法

1. POA 教学方法

"产出既是语言学习的驱动力，又是语言学习的目标。产出比输入性学习更能激发学生的学习欲望和学习热情，更能取得好的学习效果。"[1]

POA 教学法以产出作为语言学习的源驱动力，应用于英语教学的课堂上是具有很强的可行性的。特别是对于高职英语教学而言，教师面对的学生具有一定的英语基础，运用 POA 教学方法进行教学，将会是一个高效率的教学过程。

---

[1] 文秋芳. 构建"产出导向法"理论体系 [J]. 外语教学与研究，2015(4)：547-558，640.

教学大纲要求英语教师根据一定的题材选用适当的阅读材料，在扩大学生的知识面的同时，增强学生的英语语感，培养学生的阅读兴趣。[①]

　　根据现有的英语教材进行深入分析不难发现，大部分英语教材是以某一个话题为中心。常常是以一个主题为核心，以一个单元为模块，选取两三篇话题相关的文章，辅以一定的习题。因此，教师需要根据教材的现有构成形式，按照 POA 教学法，挖掘教材的文本价值，具体的教学方法主要包括以下两点。

　　（1）以说带读，以读促说。POA 教学法，始于说，止于说。"说"是一开始的输入手段，"说"是最终话题、情境活动的产出需要。

　　教师需要将学生的学习动机加以激活，学生明确学习的动机，才能配合教师的教学活动，最终生成高质量的教学活动。

　　教师在教学活动中，可以将如何引导学生利用文本材料"说"作为教学的重点目标。教师可以尝试帮助学生搭建文本与口述之间的联系桥梁，也就是说，教师可以筛选出与文本相关的话题，在教学过程中，引导学生主动开口。教师也可以主动利用文本中的重要信息，建构一定的应用情境，帮助学生习得交际用语。何为"重要信息"？相关信息具有一定的交际价值，则为重要信息，在产出任务发生的交际场景中，可以应用的信息，就是重要信息。教师需要将这些重要信息准确地应用于教学活动中，为学生建构场景，并且引导学生练习相关交际用语。

　　学生如何在教师的引导下，完成"说"的任务呢？实际上，在这一阶段，教师需要以限时的口语小活动为主，无须让学生长篇大论，在课堂上也没有时间留给学生完成口头报告等这种耗时较多的任务。教师主要是通过学生"说"这个行为，观察学生的表述是否与话题相关、是否存在信息的错漏、是否有感觉表达等。教师在学生完成"说"的活动后，要及时纠正学生出现的问题。

① 高等学校外语专业教学指导委员会英语组. 高等学校英语专业英语教学大纲 [M].
北京：外语教学与研究出版社，2000：2.

POA 教学法强调"教师为中介"。教师不是主要的活动者，而是以学习为中心，引导学生完成一系列的输入和输出活动。教师完成的教学设计，是引导学生在教学活动中领会、掌握并且利用相关信息，完成"说"的前提准备，教师采用一系列的引导与评价活动，为学生设定具体的标准，验证学生是否完成了产出任务。

（2）以写带读，以读促写。读写结合的教学模式甚至可以说是当今英语教学界的一个大发展趋势了。

POA 教学法中的"写"分两个阶段，第一阶段的"写"要用具体的、可实施的、与文本相关的写作任务激发学生的阅读动机。"读"的时候，需要教师在旁边给予一定的指导，教师需要帮助学生充分理解文本的内涵或者欣赏其中的词句，教师可以引导学生实现多种形式的"产出"。

根据上文所述，以"说"为中心开展教学活动，强调了教学任务的可实施性、交际性和教学情境性。以"写"为中心开展教学活动，强调了教学任务的可实施性、具体性和教学相关性。

无论是"说"还是"写"，都需要在"读"这个阶段，完成对第一阶段的补充、纠正和强化。文本的内容、情感、价值观等，都对最终的产出产生一定的正向影响。教师需要以最终的产出呈现为立足点，由产出倒推输入内容，倒逼输入的优化。

因为产出导向理论体系中强调的"学用一体说"，这就意味着，对于 POA 教学法来说，教学的最终目标就是完成有效产出，教学活动为这一目标服务，因此教师的教学任务便相应发生了改变。教师的教学任务不是简单地完成单词、语句、语篇的讲解与分析，教师需要在备课阶段，完成与文本相关以及具有一定交际价值的产出任务。教师需要在教学活动中，及时有效地指导学生完成一定的产出任务，引导学生积极参与教学活动。

2. POA 教学方法相较于其他教学方法的优势

（1）POA 教学法相较于分析型教学法的优势。分析型教学法强调语言的意义，始终坚持以学习者为教学的中心，教学的内容也不是孤立地存在的，更多的是以情景交际为主，或者是主题的延伸。分析型教学法以真实的材料为教学的起点，强调最终的产出活动，产出活动可以是笔头的，也可以是口头的。分析型教学较少涉及语法内容，较少进行语法规则讲解、语法训练或者是语法纠错活动。

POA 教学法与分析型教学法有着共同之处，两者都是强调产出，也都采用主体式教学。但是相比较而言，POA 教学法有着两个明显的优势。

第一，POA 教学法更加强调教师的引领作用。在 POA 教学法中，课堂教学更强调教师的引领作用，课堂教学也正是因为有教师的引领，才与纯粹的自主学习有所差异。在教学活动中，教师可以影响学生的心理和行为，从而实现教学效果的优化。

第二，POA 教学法可以有效地提升有效输入的成果。POA 教学法强调学生需要优先关注语言意义，忽视语言形式，需要培养学生的信息加工的能力；强调语言使用中新语言的"参与度"；强调功能与意义的紧密联系。

教师引导下的 POA 教学法相较于分析型教学法而言，是提高语言学习效果的关键所在，教师可以在短期内，达到最好的教学效果，这是分析型教学法难以匹敌的。

（2）POA 教学法相较于综合型教学法的优势。综合型教学法是一种强调以语言形式的篇章或者文章作为输入的材料，聚焦语言形势任务，完成强化练习，帮助学生从原本的陈述性知识转向程序性知识的教学方法。综合型教学法将语言视为一种相对静态的客观实体，忽视了语言交际作用的教学与实践。

POA 教学法与综合型教学法存在一定的差异，但 POA 教学法也具有很多的优势。

第一，POA 教学法强调在有意义的语境中学习语言。POA 教学法更强调实现语言形式与语言意义的有机结合，反对脱离语境的形式教学。POA 教学法认为，采用孤立教授语言形式的教学方法无法真正达到让人满意的教学效果，强调在语言学习的过程中，学习主体需要将个人的情绪、思维、意志等内容与教学紧密相连，强调人的社会属性。

第二，POA 教学法强调互动与产出。综合型教学法是一种强调单向知识传授的教学方法，POA 教学法则是一种强调语言教学中的输入与互动产出的教学方法。POA 教学法强调以产出为最终导向，将最终的产出任务视为教学的起点与终点，可以学以致用、以用促学。

（3）POA 教学法相较于任务型教学法的优势。POA 教学法与任务型教学法也有一定的相似之处，两者的相似点可以从以下三个方面看出。

第一，交际活动的重要性。无论是 POA 教学法还是任务型教学，抑或是分析型教学法，都强调将交际活动视为教学的主要活动，强调在教学活动中完成语言的使用。

第二，关注语言形式。POA 教学法同任务型教学法一致，都关注语言形式的教学。任务型教学法是除了综合型教学法和分析型教学法之外的第三种有效的教学方法，采取"分析型语言教学 + 语言形式教学"的方式开展教学活动。

第三，都有三个环节。POA 教学法，在前文中已经提及，POA 教学法涉及的三个流程就是"驱动""促成"和"评价"。任务型教学法则按照阶段划分的，主要分为"任务前""任务中"和"任务后"三个阶段进行。

当然了，POA 教学法与任务型教学法还是存在着较大的差异，主要可以从以下三个方面进行论述。

第一，教师作用的差异。在任务型教学法中，"任务中"这一环节，以学习者为中心，学习者可以针对任务，进行自我表达或者是依靠同伴互助完成任务，教师在任务型教学中起到的作用不突出。在 POA 教学法中，教师则需起到教学中的"中介作用"。教师需要采用多样化的教学活动，引导学生在做中学，学中用。

第二，任务型教学在"任务后"环节关注语言形式。在任务型教学中，"任务后"这一环节关注语言形式，对教学过程中的语言形式开展的是补救性教学。POA 教学则强调的是对语言形式的关注，这贯穿了教学活动的全过程，连接了语言形式、语言意义和使用，最终完成产出任务。

第三，任务型教学法与 POA 教学法在输入和产出的内容与形式上存在差异。无论是在输入的内容与形式还是在产出的内容与形式上，任务型教学法与 POA 教学法都存在差异。这两种教学法都包含听和读的输入，但是任务型教学法只有在"任务前"这个环节才会涉及听和读的输入，输出则主要以口语交流为主。POA 教学法则是针对有一定英语基础的学习者，这就意味着输入材料更为重要，产出的任务也是一样的，不仅包含口语交际，还要有一定难度的笔头任务。

任务型教学法与 POA 教学法差异较大，特别是针对高职学生而言，POA 教学法更加适合。

二、教学步骤的改进

（一）传统的教学步骤

传统的英语教学其实也分成课前、课中和课后三个步骤。

课前，教师要求学生提前预习课堂教学内容。教师往往会大致划定下节课的教学内容，布置给学生预习的任务。若学生在开展相应的预习工作的过程中，缺乏明确的教学目标，难以在预习过程中实现有效的提升。

课堂上，教师可以先根据本节课的教学内容进行相关背景的引入，如针对本课的相关内容或者重要的任务信息进行相应的介绍，为学生营造出一定的感性认知。教师针对教学内容，对一些重要的词汇，或者是生词进行逐个讲解，为学生解决学习语言的困难。教师针对语言知识点进行针对性的讲解，并且提出一定的问题，学生可以根据问题进行思考。教师在课堂上以讲＋练的形式为主进行教学。

教师无论是介绍相应的背景导入，还是进行词句的讲解，都是一种以教师为中心的教学模式，学生主要是起到配合的作用，这与"以学生为中心"的教学模式是完全不匹配的。学生仅仅是一名接受者,很难真正激发起学生的学习兴趣,也难以做到对整体材料内容的把握与掌握。

课堂之后,教师根据课上的重点知识与难点知识,布置一定的课下任务,引导学生完成。

教师布置作业主要起到的是一种检测作用,并非引导学生主动参与教学活动。学生难以在教学过程中提升自己的主观能动性。这样传统的教学步骤更像是将学生禁锢在一个固有的环境中,学生仅仅在自己的知识圈中发展,这并不能真正发挥学生的主观能动性,更不能实现思想的相互碰撞,教师的教学策略也难以有所发展。

(二)改进的教学步骤

1.产出准备导向

产出准备导向主要指的是教师针对学生做出的课前准备活动,是指在 POA 理论下开展教学活动的准备活动。

产出准备导向实际上是产出过程导向和产出评价导向的前提与基础。这也是后续的教学活动顺利开展的前提。因此,产出准备导向的要求也相对较高。产出准备导向主要包括以下四部分内容:选择驱动内容、设计产出任务、筛选输入材料和产出前导向输入。

(1)选择驱动内容。教师必须选择准确的驱动内容,找到可以吸引学生主动参与教学活动的手段与工具。有效的驱动内容可以在学生的学习活动中发挥正向的功效,成为学生积极参与英语学习活动的长期驱动力。有效的驱动内容甚至可以始终贯穿于教学活动,是教学活动开展的根本所在。

从外驱力的角度来看,教师以最终的教学评价标准作为一种学习的外驱力,学生会因为外驱力的原因,配合教师开展相应的教学活动。学生的教学成果会得到一定的教学评价,教学评价会引导学生意识到教学活动的重要性,从而使教学活动对学生产生一定的吸引力,提升学生对教学材料和教学内容的关注度。

从内驱力的角度来看,POA 教学方法本质上帮助学生产生学习的内驱力，教师可以通过建立未来职场英语的应用语境或者是建立生活应用语境来引导学生意识到英语在未来生活的应用可能性。教师引导学生意识到，如果没有经过学习或者练习，有可能会在面对突如其来的英语语境时造成一定的尴尬。为了避免这种尴尬，教师和学校要引导学生积极参与英语教学与练习，学生也会相应地产生一定的内驱力并参与其中。

（2）设计产出任务。所谓的设计产出任务，就是指教师需要开展英语教学活动的计划活动。这种计划与安排需要依照整体性原则。教师应具有较强的全局观念，关注学生教学活动产出的时时处处，这对于教师的设计产出任务而言是一个较大的挑战。

教师需要依照 POA 教学理论的要求，把一个大的产出任务进行细化。常见的方式为：教师根据阶段性的教学内容任务确定一定的词汇与句型要求并有针对性地进行细化。教师根据学生已有的水平，逐一完成输入内容的产出。

（3）筛选输入材料。教师有针对性地筛选输入材料，是一项重要的准备工作。甚至可以说，教师想要完成教学目标、完成教学任务，就必须将筛选输入材料作为一种必要的基础性工作。针对最终的产出，教师需要筛选的出必要的输入材料。英语教学中，教师需要筛选的输入材料主要是词汇、句型和范文。

首先，针对词汇的筛选。必须明确的是，词汇是英语应用的前提与准备，是一篇文章的基本构成要素，词汇量的多少直接影响着最终的表达效果。因此，教师在筛选词汇输入材料的时候，必须以一种严谨的态度进行。词汇选择时，教师主要考虑词汇的复杂程度以及词汇的范围两部分。

教学词汇的筛选范围，即教师应该从哪里选择词汇，通常从以下两个方面考虑。第一，教师可以根据教材中涉及的话题进行筛选，通常词汇表中包含了学生需要掌握的目标词汇。因为话题单元词汇表中往往是针对某一个话题学生需要掌握的词汇，对于学生而言，这个单词表具有较强的指导意义。第二，教师可以凭借自身的教学经验，选择相对应的教学词汇。教师根据自身经验对教学中涉及的词汇进行补充，以增加学生的词汇量。

教学词汇的复杂程度应该选择什么类型的词汇。学生掌握词汇的难度差异会直接影响学生语句表达的水平。学生的水平不一样，应用不同难度词汇的能力也存在较大的差距。教师针对班内水平不同的学生，在筛选教学词汇时，需要根据班内学生的现有水平及其自身发展的需要进行筛选。比如，教师可以给较为复杂的词汇附上例句。当部分学生对这种较难的词汇感到难以明晰其含义时，可以根据例句明确词汇的具体应用情境，以辅助学习和应用单词。

教学词汇的丰富程度，即教师应该为学生输入的词汇的量。词汇的丰富程度会最终影响学生的输出水平。教师提供的词汇教学如果较为局限，学生有可能会因为词汇量不足，最终限制输出。教师在开展词汇的教学活动时，需要考虑到是否提供了较为丰富的词汇，以帮助学生完成一定的词汇累积。较为常见的是教师在进行词汇教学时，将词汇的同义词或者近义词同时作为教学内容，将这种词义相近，或者可以相互替换的词语作为教学材料，提高学生的词汇量，进而为学生正确灵活地应用提供了可能性。

其次，针对句型的筛选。句子对于英语教学而言有着不能被替代的重要作用，句子是最终成果产出的重要呈现形式，不管是情景交际中的交流应用，还是在书面写作中，句型结构的正确应用都是必要的。

再次，针对文章的筛选。文章的筛选需要慎之又慎。文章需要具备结构设计合理、逻辑清晰、文字流畅通顺的特点。

最后，教师在筛选文章的输入材料时，需要考虑应该选择什么文章作为教学范文。一是可以将教材中的文章作为教学的范文。教材中选用的文章都具有较强的权威性，具有较大的学习与参考价值。教师可有针对性地讲解与教学，引导学生学习教材内容。二是可以针对教学的话题单元，积极搜索范文以及相关的参考文章，选出其中与主题相关度较高的文章，作为教学的辅助材料。

（4）产出前导向输入。所谓的产出前导向输入，就是指教师需要针对相应的话题以及最终的教学内容，筛选出词汇与句型并设计教学任务，对学生进行教学前的输入活动。产出前导向输入实际上是对学生进行产出前驱动，是学生开始产出活动的开端，需要促使学生以最快的速度进入学习状态，生成最终的学习成果。产出前导向输入主要包括三部分内容。

第一部分，教师将需要输入的教学材料呈现给学生，学生有针对性地提前预习教学输入材料。学生在进行预习学习时，可以不拘泥于某种学习方式，可以开展较为多样化的学习。教师不对学生的预习方式加以干涉，只需要以作业的方式考查学生的预习效果即可，作业的考查将会作为最终期末量化测评的一部分。

第二部分，教师针对单元主题布置话题相关任务。比如，教师可以要求学生提前了解话题类型特点以及话题相关的知识。教师可以要求学生以口头交流的形式，或者是以书面写作的形式完成任务。教师也需要提前告知学生，该项任务也是最终期末量化测评的内容之一。

第三部分，教师需要提前考虑学生的输入情况，提前准备。教师可以采用英汉词汇互译、句子翻译、词句听写等方式对学生的学习情况进行考查，便于教学活动的开展。

2.产出过程导向

产出过程导向，是指教师在课上进行的一种产出过程的教学活动。产出过程导向主要包括产出驱动与产出促成这两部分，这两部分都有着一定的操作步骤。

（1）产出驱动。产出驱动主要是指教师在课堂上对学生进行驱动，这一过程主要包含三个步骤，

①检查学生课前任务的完成情况。教师在上一个阶段，会给学生布置一定的课前任务。教师需要针对学生的词汇以及句型的完成情况，进行检查或者考查，确保学生已经做好了上课的准备。

教师在上每一节课之前，都是对学生有所期待的，教师应该将这种期待直接告知给学生，即教师在正式上课之前将本节课的教学目标与标准提前告知学生。学生上课不是被动地接受教师给予的知识。因此，学

生可以就教师告知的教学目标进行讨论和分析，教师不失时机地就课程的重点与难点进行引导。

②教师进行课堂展现。教师在正式上课的时候将已经准备好的主题内容进行展现，这个主题内容应该是教学大纲中规定的，或者是教师与学生讨论之后决定的。教师除了必要的讲解知识点，还应该为学生留有一定的空间，让学生讨论话题，并且尝试以口头的形式或者书面的形式进行有效的话题产出。教师提供一定的范例，供学生对比与参考。

③教师对每个小组的完成情况进行记录。教师需要对学生的产出情况进行记录，将结果进行统计，或者是装入学生的成长档案袋中，为最终评价做准备。

（2）产出促成。产生促成的部分，主要是教师在描述产出任务之后，再次给学生提供输入材料，并指导学生根据自己的实际产出内容进行选择性学习，利用所选择的语言材料尝试产出。教师会根据不同学生在选择性学习和尝试产出过程中的情况进行指导，帮助学生按照步骤有序完成子任务。

①教师描述产出任务。教师将大的产出任务细分为诸多子任务，将任务的难度降低，缩小产出与输入之间的差距。教师需要明确各个产出任务的步骤与具体要求。教师在这一过程，需要尽可能地采用较为简洁的语言，为学生指明重点，避免学生因为重点不明确而难以开展后续的学习任务。

②学生选择性学习。学生在明确了产出任务之后，需要根据教师所呈现的材料，选择性地学习并且检查选择的结果。教师也需要对学生最终呈现出阶段性成果及时提供评价与意见，并指导学生开展后续的学习活动。如果学生出现了与原定的教学产出任务偏离的情况，教师需要指导学生回归正轨。

③学生练习性产出。学生在完成了选择性学习之后，需要根据教师的呈现内容，以及自己产出的需要，尝试练习性产出。教师指导学生完成子任务。伴随着子任务的一个个相继完成，学生将子任务联结，串联

成一个较为完整的任务。当然，教师需要在这一过程中及时、准确地对学生的产出内容进行评价与指导。

④教师布置作业。作业本质上就是对已经学习的内容的一种巩固与复习，同时开启新知识的序篇。教师需要明确作业的要求，如需要提交的时间、提交的形式，避免出现误会。

3.产出评价导向

POA 理论下的教学方法要求学生完成的教学任务类型较多。现在仍是以大班教学为主，这就意味着教师的反馈往往难以及时和充分地实现。但是如果想要确保学生的学习积极性以及学生的产出质量，就必然需要教师提供较为高效的教学反馈。

出于现实情况所限，以及 POA 理论的要求，教学评价主要采取两种模式：即时评价与延时评价相结合；形成性评价与终结性评价相结合。

（1）即时评价与延时评价相结合。即时评价主要针对教师在促成部分对于学生的选择性学习和最终的学习成果产出的指导与检查。延时评价主要针对教师在产出评价导向部分，对于学生的产出成果进行的评价活动。

即时评价往往在产出这一阶段开展。教师为学生提供一定的输入材料之后，学生选择性输入。受学生差异性的影响，学生在面对难度存在差异的词汇，往往出现程度不一的选择困难与使用困难。教师需要针对学生的掌握情况，及时予以即时评价，检查学生的输入材料，并且为学生检查相应的产出结果。

进行选择性输入之后，在尝试产出的过程中，如果学生可以在课堂上完成一定的教学任务，教师必须及时予以一定的指导与关注。教师需要针对知识与话语结构等多方面进行指导，引导学生将学习的结果及时应用在任务中，将学生应在课后完成的任务整合到整个产出活动中。

延时评价针对的是教师在产出评价导向的前、中、后进行的师生评价活动。学生在完成一定的产出任务后，可以提交产出的成果，教师需要审阅学生的产出成果，清楚掌握所有学生的情况，以及整体的发展趋势，找到学生普遍存在的问题，依照教学目标针对学生现有的情况进行评价，并且设计未来的教学重点以及具体的教学步骤。

教师将评价任务下放，评价不再是教师的"一言堂"，学生需要主动参与其中，结组讨论。教师根据课堂时间，主动引导学生把控好讨论的时间，展开师生评价。教师带领学生完成练习，帮助学生克服在教学过程中遇到的各种问题，并且完成教学任务。

在评价过程中，教师需要引导学生按照一种从易至难的顺序，促进学生完成评价的练习。教师注意把控评价的重点与焦点，让学生在自己可控、可评的范围内进行赏析和学习。

在完成评价之后，教师需要针对教学评价及时记录并且完成教学反思活动，并根据最终的评价结果，以及操作过程中的问题与难点进行适当的调整与改善。

（2）形成性评价与终结性评价相结合。形成性评价就是在教学过程中，对于学生的掌握情况开展的评价活动。形成性评价贯穿于整个教学活动的始终，教师应该通过形成性评价对学生的教学产出了如指掌。

第一部分，产出准备驱动中学生任务的完成情况。教师需要根据学生在准备驱动中任务的完成情况，有针对性地开展相应的教学活动。教师了解学生是否已经针对相关的教学话题做了较为充足的准备，从而决定是否需要重新调整教学内容。学生准备不充分，或者学生准备出现偏差时，就需要教师及时调整教学内容。相反，如果学生的完成情况较好，教师可以减少这个部分的时间投入，更有效地开展其他教学活动。

第二部分，检查产出促成部分。产出促成主要由选择性输入与尝试性产出两个部分构成。教师开展检查评估，主要是因为教师可以根据学生的学习情况检查自己的教学成果。另外，教师也可以有针对性地促成学生的产出与输入。一旦教师意识到学生的产出失败，需要及时指导学生重新选择，并且引导学生尝试产出，完成多个子任务，最终促成大任务的完成。

第三部分，评价学生提交的完整产出成果。教师评价最终的产出成果，实际也就是进行终结性评价。这也是在进行阶段教学之后，必要的检查教学成果的有效方式。教师要把学生完成每个任务的情况做好记录，并依据任务完成情况给出相应分数。评价不仅是对教师教学情况和学生学习情况的检验，也是学生英语学习的重要驱动导向。

第三节 创新课程设置和教材二次开发

一、创新课程转变

（一）英语课程教学理念转变

英语教学课程的教学理念的转变，就是要从原本的针对英语专业的知识与技能的教学理念，转变成针对学生的思辨能力培养的教学理念。

可以说，英语课程的教学理念原本仅仅针对知识与技能，但是这种教学理念早已经过时。全部的知识与技能教学并不是在课堂上可以完全完成的，但是如果学生的思辨能力与自主学习能力已经有了较高程度的提升，对于英语课程教学以及学生未来的发展都有益处。

学生思辨能力的发展早已经成了世界各国教育发展的终极目标。从20世纪80年代开始的一场源于美国的思辨运动，开启了一场教学理念的转变。在这场思辨运动之后，无论是美国的中小学还是美国的大学都已经将思辨能力的培养作为教学的重要目标。

我国英语课程教学理念的转变，本质是现代教育发展趋势的要求，是现代教育发展的时代呼唤，是新时代的发展需要。我们要将原本的学习专业知识与专业技能的教学理念转变成强调思辨能力的培养，为我国培养出符合时代发展需求的既具有一定的认知能力，又具有极强的思辨能力的人才做好准备。

（二）英语课程教学目标的转变

英语的教学理念已经发生了转变，英语的课程教学目标也需要相应地发生转变。原本的教学目标是以英语的知识与技能学习为主，现在必须将教学目标转换为获取知识与技能的能力。

1. 知识

在英语课程教学中，学生需要通过学习掌握的知识主要包括以下两个部分：英语语言知识和与认知心理知识。

英语语言知识主要分为以下三个部分：首先是英语语言的口语与书面语言知识。其次是运用英语语言的口语和书面语学习社会文化知识。最后是掌握了研究英语语言的理论和方法（包括语音学、音系学、句法学、语义学、语用学等）等知识。

认知心理知识主要是指语言与大脑以及其他人体器官之间关系的知识。学生要掌握语言特征、结构以及意义，对其有深入的了解，而不仅仅将语言视为一种交流的工具。

2. 能力

英语课程强调培养学生的思辨能力。因为思辨能力涉及的两个范畴，即人的认知能力与情感倾向能力。

人的认知能力即阐释、分析、评价、推理、解释和自我调控，这六个核心技能。认知能力的培养，可以引导学生在众多繁杂的信息当中，剔除无效、无用的信息，提取其中有效的、重要的信息，并且针对信息作出正确的评价。

人的情感倾向能力的培养，甚至相较于人的认知能力的培养更为重要，因为人的情感倾向性能力是人的认知能力的前提与基础。情感倾向能力与人的认知能力是一种相辅相成的关系。

（三）英语课程教学方法的转变

英语课程教学方法的转变，就是将原本以传授知识为主的教学法转变为多元化的教学方法。

也就是说，对于教师而言，教学方法不应该是一种单一的教学方法，更不应该是一种已经被固化的教学方法。从 20 世纪 50 年代起，多种教学法就已经相继出现，如翻译法、直接法、听说法、交际法以及合作学习法、自主学习法、任务型学习法、探究学习法等。本文将这些方法称为以传授知识为目的的教学方法。这些方法的运用的确促进了学生英语的学习。然而，当英语课程教学理念和教学目标发生转变时，教学方法也相应地发生转变。

比如，在本文中已经提过的POA教学方法，就是一种行之有效的教学方法，教师可以将这种产出导向的教学方法进行调整后，应用于英语课堂教学中，从而培养学生的思辨能力。

（四）英语课程教学质量评估方法转变

在教学评估中，若将教师评价的依据、方向、标准进行设定，对学生的要求条款化。这种评估是单一的。

只有重新对教学的评价方式进行新的规定，使教师改变原有的教学方法，采用创新型教学方法，进行相应的创新性教学，才能使学生可以在教学过程中实现知识与技能的累积，提升认知能力、情感倾向性、思辨能力，使教学评价更加全面、多样。

二、创新课程教材选择

（一）课程教材的定义

到现在为止，对于课程教材的定义，各个派别的学者由于所处的时间与空间背景不同，所持有的观点也各不相同，对于教材的概念理解存在着较大的差异。

在传统的教育工作者看来，教材就是人类在漫长的历史进程中，总结并且积累的经验结晶。

教材这一概念不是一成不变的，可以从广义与狭义两个方面进行定义。从广义的角度看，专门的出版机构编辑、出版的教学材料都可以称为教材的一种。从狭义的角度来说，教材特指教科书，也就是根据课程标准编写的、系统地反映学科内容的教学用书。

（二）课程教材的二次开发

教材的选择往往是由教育有关部门决定的，学校以及教师无法选定具体的课程教材，但是学校和教师可以发挥主观能动性，积极进行教材的二次开发。

所谓的教材二次开发，就是指教师在具体的教学活动过程中，根据教学目标、教学内容针对已有的教材进行一定的修改、补充，使源于教材的教学内容更加适用于具体的教学情境，满足学生的学习需求。

教师进行教材的二次开发，主要包括以下三个方面。首先，教师需要充分、灵活、创造性地应用教材，以满足教学的需要。其次，教师需要对现有的教学资源进行优化、整合，配合教材的应用。最后，教师要发挥主观能动性，根据本班教学的需要，有针对性地开发教学材料。

教材的二次开发要想按照一个正确的方向健康顺利地发展，需要学校各级领导对于课程二次开发给予充分的重视，这是教材二次开发的前提。

教材的二次开发，就是教师根据教学目标，使教材内容更适合本班学生的特点、适合教师教学风格。教师根据课程的标准与教师的教学理念，结合实际的情况，针对教材内容进行改造。

1.坚持自主性与统一性相结合

现在学校中所应用的教材，都是由专家学者开发得来，这些教材可以满足大部分的教学需要以及大部分学生的需要。但是，统一化的教材内容难以满足学生的差异性需求。

学生的教育背景与学生的自身学习能力。认知水平都是存在着一定差异的，为了满足不同学生的差异化需求，教师在教学过程中应该充分考虑到学生的多元化，根据学生的自身情况，提供相应的学习资源。教师也应该在教学过程中充分发挥学生的主体作用，以学生为中心。学生不再是接受者，而是教学设计的重要参与者。教师通过师生之间的互动交流，建构出高效的课堂。

教师在教学过程中创造性地使用教材，建构出富有活力的课堂。教师主动对教材内容进行适当的增减，但是这一过程一定是在尊重原有教材的基础上。教师不可以随意删改教材，二次开发教材必须与课程目标一致，与教学内容一致。教师进行二次开发教材之前，必须充分解读课标，深刻了解课标的内涵，将课标背后的教学理念与最终的教学目标紧密结合，运用教师专业素养进行教材的二次开发。

2. 教师必须注重动态生成效果

教学过程并非一个静止不变的过程，相反，这个过程是一个从预设到最终生成的过程，在这一次生成过程中，会受到情景、师生互动等多种因素的影响。

教学课程的动态性，无疑也是在要求教材的二次开发，因此教师一定是要考虑其动态生成性的。教师必须考虑教学实践内容，有针对性地对教学内容进行一定的处理，对于简单的内容进行增添，对于本班学生已经掌握得较为扎实的内容一笔带过。教材的二次开发不应该是一种简单的一次性活动，相反，应该是一种不断改进的过程。教材的二次改进应该是一种逐渐迭代、逐渐丰富资源的过程。

3. 树立能力本位的教学观

教材是课程的重要构成部分，教师对于教材的态度可以反映出教师不同的课程观念，而教师的课程观念会影响教师的教学观念。反之，教师的教学观念必然也会影响到教师对于教材的二次开发与应用。

部分英语教师，较为看重英语教学中的语言知识点，因此，主要将精力投注于教材中的语言现象，在进行教材二次开发的过程中，仅仅关注语言本身，培养学生也会更多地关注语言知识的准确度，难以实现对学生思想与思维的开发，更不要说培养学生的思辨能力了。

教师必须积极转变自己的教学观念，树立能力本位的教学观。英语教师不应该仅仅关注对学生听说读写能力的培养，而应该在教学过程中采用多样化的教学方式，在原本教材的基础上进行更多能力的培养，培养学生的英语学科核心素养。

4. 主动建构出高效的教学资源

进行教学资源二次建构的主要目的是实现课堂教学管理目标。

仍有部分的教师在进行教材二次开发的过程中，仅仅凭借自己的原有认知经验与教学经验进行教材的开发。这种忽视学生需求的开发方式，难以开发适合学生的课程资源，更难以帮助学生提升英语学科核心素养。

学生渴望在学习过程中，在与教师进行互动时获得一种认可与尊重，从而在学习过程中获得一定的成就感。针对学生的需求，教师主动为学生建构一定的适合学生自主学习的资源，培养学生的自主学习能力，体现英语学科的育人价值。

另外，学生作为教学活动的主体，也应该间接参与到教材的二次开发当中。学生在学习的过程中，遇到的困难、收获，都可以作为教师进行教材二次开发的前提准备。

第四节　发挥教师在课程教学中的作用

英语教师在英语教学活动中担任教学活动的设计者、组织者、监督者。教师在教学活动中发挥着主导作用，是影响教学质量的关键因素。教师在教学活动中的作用是不可忽视、不可替代的。英语教师在课堂上主要起引导和掌控的作用，引导学生进行知识的获取。教师因素对于英语教学的影响主要体现在两个方面，即教师的个人素质与教学实践上。

一、英语教师的个人素质

（一）教师的知识体系

1.英语专业知识

英语教学与母语教学有较大区别。对于学生而言，这是一门外语课程的学习，因此学生可能会因为语言功底薄弱，需要教师在开展语言教学的时候具备较高的知识与素养水平。

英语教师作为英语知识的教授者，其知识储备直接影响教学质量。一名合格的英语教师，自身应该具备扎实的英语功底，包括英语语言知识与英语运用能力，以保证课堂教学内容的准确性。

2. 综合知识素养

英语教师想要达成水平较高的英语教学，不仅需要具备英语专业知识，也应该具备一定其他学科的知识，也就是教师应该具备综合知识的素养。

英语教育不是简单的英语知识传递的过程，而是学生在教师的帮助下，提升英语综合素质的过程。英语综合素质包括英语语言知识、英语实践技能、英语文化素养以及自主学习能力等。这就需要教师的知识体系尽量全面。教师不仅需要具备扎实的英语专业知识，还需要广泛涉猎其他知识，以保证英语教学的质量。

（二）教师的教学技能

英语教师是否掌握一定的教学技能，是衡量教师是否称职合格的重要标准。教师这个职业不是仅仅具备专业知识即可的职业。教师需要不断提升自己的教学技能。一名合格的英语教师不仅要具备知识，还要能够通过科学的方法将知识教授给学生，二者缺一不可。教师的教学技能体现在教学设计、教学方法、教材运用、课堂掌控、教学评价等各个方面。

将英语教师必备的教学技能按照课前、课中和课后这三个阶段进行阐释。在课前，英语教师需要根据教学大纲和课程安排精心进行教学设计，统筹规划英语各知识点的讲授顺序以及讲授方式，根据教学实际，确定课堂教学模式，选择最适合学生的教学方法。在授课过程中，教师应该灵活运用各种教学方式，启发学生的灵感，激发学生的学习兴趣，提升学生学习英语的主动性。在课后，教师要培养学生运用英语和练习英语的兴趣，使其在实践交流与练习中提升英语运用的能力。

二、教学实践

（一）教学方法的运用

教师在教学过程中，为了实现最终的教学目标，完成一定的教学任务，往往会采取一定的教学方式。英语的教学方法不是一成不变的，英语教师需要根据学习者的实际情况、英语学习的客观条件、英语考核的方式和内容来确定最为适合的教学方法。因此，与之对应的是，英语教学方法的优劣没有固定的评价体系，而是要放在具体的教学环境中去评价。在具体的教学实践中，合适的教学方法更有利于教学效率和质量的提升。

不同英语教师，往往会采用差异化的教学方法，教学方法也会直接影响英语教学质量，合适的教学方法能在很大程度上提升英语教学质量与学生英语学习的效率。比如，在语法教学中，由于教学内容的知识量巨大，并且内容枯燥，教学方法的选取就显得尤为重要。传统教学方法"讲解—训练—背诵"的学习模式较为枯燥，也无法激起学生的主动性，甚至如果教学内容难度较大，还很容易打击学生学习的积极性，致使英语教学效率低下，即便教师与学生都已经付出巨大精力，却仍然难以达到良好的教学效果。

在英语课堂上，英语教师应该关注教师的主体身份，给予学生更多的时间。传统的英语教学模式忽视学生的主体地位，教师占据了课堂大部分的时间。传统的教学方法可以系统地教授给学生大量具体语言知识，但是传统教学方法必然会压缩学生的练习时间，使学生缺乏对知识的主动练习，难以真正掌握知识，导致学生学而不会用，英语运用能力难以提升。因此，在英语实践教学中，教师应该明确学生的主体地位，将学生的学习与练习作为教学中较为重要的任务。

英语教师选择正确的英语教学方法，甚至进行英语教学方法的创新实践，是一种有效地将教师和学生从传统的教学模式中解放出来的方式，最后可以达到提升英语教学效果的作用。

（二）营造良好的教学心理环境

课堂教学，不仅仅是教师传授知识与技能的过程。教学心理环境会在较大程度上影响教学活动的顺利开展。教师应努力营造良好的教学心理环境。教学心理环境指的是教师与学生之间，或者学生与学生之间的关系，以及在这种关系下形成的课堂教学氛围。

毫无疑问，良好的教学心理环境对于优化课堂环境具有重要的作用，同时，对于提升学生的交际能力十分重要，能够帮助学生将所学知识熟练运用到英语交流实践当中。而良好的课堂氛围，有利于学生以更加积极的心态进行英语学习，提升学生英语学习与参与英语相关活动的热情。良好的课堂氛围还有助于形成良好的师生关系，对教学心理环境的优化起到巨大的促进作用，使二者之间形成良性循环。

（三）创造良好的英语课堂教学环境

　　课堂是学生获取知识与能力最直接的渠道，创造良好的英语课堂教学环境对于英语教学十分重要。伴随着时代的进步与科技的发展，英语课堂教学方式也产生了翻天覆地的变化，多媒体教室被普遍运用于英语教学实践之中，教师在具体的英语教学方法上有了更多的选择。教师可以更好地利用语音教室和多媒体教室来创设良好的外语学习环境。多媒体网络环境下的教学方式在国际上逐步得到应用，特别是计算机与外语教学的紧密联系，即计算机辅助语言教学这一教学方式得到越来越广泛的应用。

　　多媒体网络的使用更加优化了英语教学环境，在这种环境下的英语教学是一种与建构主义学习理论以及建构主义学习环境相适应的教学模式，体现了"以学生为中心"的教学原则，提高了英语课堂综合效率，而且改变了师生关系，促进了学生的自主学习和研究性学习，有利于英语人才的培养。在多媒体网络环境下，教师的角色也从单一的教授知识的教员转化为课件制作人、课程辅导员、网络领航员、技术服务员和设备管理员。

　　教学方式的转变并没有削弱教师的地位，而是改变了知识、教师和学生之间的关系，师生之间的关系不再是对立的，而是一种较为平等的关系，教师与学生可以积极有效地利用这些现代科技进行自主的学习。

第五章　英语知识教学与思辨能力培养

第一节　英语词汇教学与思辨能力培养

一、英语词汇教学意义

在英语的语言教学体系中，词汇的教学可以视为教学的起点，其重要意义不言而喻。学生必须在已经掌握了一定词汇量的基础上才可以进行句子、语篇的学习。因此，如果一名学生没有一定的词汇量基础，那么这名学生一定会在学习英语的过程中感到非常困难。

词汇可以说是基础的存在，人际交往的过程中每一句话都是由词汇构成的，因此，足够数量的词汇储备，是确保个体可以顺利表达自己思想观点的前提。

英语词汇教学主要包含两层含义：一层是教授词汇自身的内涵，指的是单词的概念以及单词自身的内容。另一层是教授词汇的扩展内容，它指的是以所学词汇为中心，单词背后的文化内涵、近义词、反义词等内容。因此，在开展英语词汇教学时，教师不仅要教会学生词汇自身的内涵，还要引导学生理解词汇的扩展内容。

词汇是语言的基本组成元素，无论是在口语还是书面语中，词汇都是表达和理解思想的关键。没有足够的词汇，人们将无法准确地表达自己的想法，也无法理解他人的观点。当人们掌握了大量的词汇，就可以增加表达和理解的灵活性，使人们能够更准确地、详细地和丰富地表达自己的想法，同时也能更好地理解他人的观点。词汇的掌握程度直接影响阅读理解能力。拥有丰富的词汇可以帮助学生更好地理解文本，提高阅读速度，提高理解和吸收信息的能力。无论是进行听力、口语、阅读还是写作的学习，词汇都是不可或缺的元素。良好的词汇基础将为学生进一步提高语言能力打下坚实的基础。提高词汇的广度和深度可以提高语言的灵活性和创造性，使人们能够在更高水平上使用语言。

因此，英语词汇教学在提高英语水平、提升交际能力、提高阅读理解能力以及为进一步的语言学习打下基础等方面都有着重要的意义。

二、英语词汇教学的内容

英语词汇教学主要包括词汇意义、词汇用法、词汇信息和操作策略四个方面，具体如图 5-1 所示。

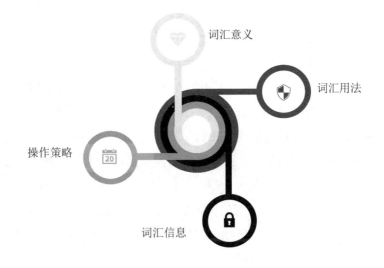

图 5-1　词汇教学的内容

（一）词汇意义

词汇教学的起点是理解一个单词的意义，一方面要理解其本义和转义，另一方面要理解该词与其他词之间的关系，如同义、反义、上下义等。

1.本义与转义

（1）本义。一个词的本义也称为"词典意义""所指意义"和"中心意义"，指的是一个词在形成时被人们赋予的意义或代指的事物。词汇的本义作为与人类语言交流的基础，一般情况下会保持不变。因此，词汇的本义往往是最容易掌握的。

例如，cat 的意思是"猫"。当然，由于中西文化存在差异，英汉词义也存在差异与不对等。在英语中，父母双方的姐妹被称为 aunt，而在汉语中，则有父亲方和母亲方的区别，如"舅妈""姑姑"等。

（2）转义。词汇的转义，通常是指一个词的隐含意义。例如，cry 作为一个动词，具有"哭"的本义，但在不同的语言环境中会出现转义的情况，如 cry 在一定场景下有"喊叫"之意。

简而言之，要确定一个单词的含义，需要结合上下文语境，而不是想当然地作出判断。

2.同义、反义、上下义

（1）同义。英语词汇中有的词语之间存在同义关系，是指两个及两个以上的词语在词义之间存在着相同或类似的关系，或者同义词的语音和拼写不同，但意义表达相同或相近。例如，answer 与 reply（回答）中 answer 与 reply 两词虽然语音和拼写不同，但是这两个词都有回答之意，因此，answer 与 reply 两词为同义词。

（2）反义。英语词汇中有的词语之间，存在相反或者对立的语义关系，即反义关系，其最常见的形式是反义词。例如，up（上）与 down（下），两词意思相对，互为反义词。

（3）上下义。英语词汇中有的词语之间的意义、特征、类型等均属于另一个更大范畴的词，如 rose 包含于 flower 中。那么，rose 就属于 flower 的下义词。同理，flower 是 rose 的上义词。

（二）词汇信息

单词的发音和拼写是单词存在的基础，也是单词学习的第一要素。单词一开始就有声音的形式，所以词汇教学的第一步也应该从发音开始。词汇发音教学不仅是属于语音教学的范畴，也属于词汇教学的范畴。如果学生不能准确地理解单词的发音，他们将错误地朗读。因此，教师对词汇的解释应该从发音开始。

此外，除了发音外，教师还应注意声音与词汇形式的结合，引导学生将声音与词汇形式联系起来进行记忆，从而形成"见形知声，因声记形"的能力。

（三）词汇用法

在特定的上下文语境中，一个单词和一个或者一些特定的单词组合在一起，构成固定搭配。例如，suggest、permit、allow 等动词后面只能跟名词，不能跟不定式。又如，take off 有起飞之意，这是"take"与"off"的固定搭配用法，不能轻易更换。

教师开展教学时，一方面，要关注语境对词语的影响，另一方面，必须考虑词语之间的固定搭配用法。教师应将词语搭配纳入教学范畴，并且向学生申明其重要性。

（四）操作策略

根据词汇学习的特征，可采用以下五种策略。

一是调控策略，即在教学活动中，教师对整个词汇学习进行计划、实施、反思、评价和调整，并对教学资源的使用与对学生的学习行为进行监控。

二是资源策略，即教师调动一切资源，引导学生通过接触更多新词，帮助学生在生活与教学活动中增加词汇量的技巧和方法。教师常常用到的教学资源包括网络、词典、广告等。

三是认知策略，即教师引导学生为实现教学目标，完成具体学习任务采取的教学手段。常见的认知策略包括引导学生利用上下文猜测词义、记笔记等。

四是记忆策略，即教师帮助学生提升记忆效果的策略。教师教授词根、词缀的重要目的之一，就是帮助学生更快速地记忆单词，如根据构词法、上下文和分类方式等记忆词汇。

五是活动策略，教师采用活动策略，即通过在课堂上组织活动来引导学生应用词汇，如课上让学生分组复述单词。

三、词汇的文化差异

词汇是组成语句的基本单位，词汇背后反映的是使用这一词汇特定的文化背景。因此，教师在英语教学中，必须始终不忘强调词汇背后的文化内涵。

（一）词汇形态特征对比

一般来说，语言可以根据其词汇特征分为孤立语、黏着语、屈折语和多式综合语等四种主要类型。在孤立语中，每个词只含一个语素，在黏着语和屈折语中，一个词通常由一个以上的语素构成。综合语的特点是词级丰富。语言的这种形态类型差别，与词汇系统总的形态构成特点对比有着密切的关系。

尽管汉语中也有一些属于综合语的形态成分，但总体而言汉语比较接近孤立语。而英语的词汇形态与欧洲其他许多语言相比，也偏向于孤立语，但与汉语相比却更倾向于多式综合语。

许余龙先生通过对北京语言大学所做的关于不同音节的词的数量及覆盖率的统计表的分析研究，推断出现代汉语中的绝大多数词为复合词。英语中的派生词与复合词所占比例相差不多。所以，就单纯词、派生词和复合词在英汉两种语言中所占的比例来看，现代汉语中的复合词要比英语中的多，而英语中的派生词要比汉语中的多。

（二）构词特点对比

英语主要构词法有派生、转化和合成三种，汉语主要有派生、合成，重叠三种。英语派生可用于名词、动词、形容词等词，汉语派生只用于名词。转化法被认为是英语中的一种特别能产的构词法，汉语中的词的语法功能并不依赖于词尾变化形式，因而汉语中的许多词是兼类的，谈不上转化不转化，重叠是汉语主要的构词法之一。

（三）词汇语义的对比

汉语和英语单词的意思也有很大的不同。单词之间根据语义可以区分出聚合关系。根据词汇语义场的差异，可比较两种语言中各自的语义场。本节从亲属场、称呼场和颜色场这几个方面简略地来解读一下英汉语词汇在意义方面的不同之处。

1. 亲属场

由于文化和社会背景的不同，英国人和美国人都强调自我表达，他们强调表现自我。在中国，对祖辈人的称谓既有祖父和外祖父之分，又有祖母和外祖母之分，而英美人却无此类区分，grandfather，grandmother 都可使用。汉语中与父亲同辈的有"伯伯，舅舅等"，英语中一概用 uncle 称呼，母亲同辈有"伯母，舅母等"，英语中一概用 aunt 一词。

2. 称呼场

英美与中国的称呼文化之间也有许多差异。中国注重礼仪，是一个礼仪之邦，人们强调尊重他人。然而，英国人和美国人的长幼尊卑的观念很弱，他们对待亲戚往往是直呼其名，毫不避讳。即便是儿子称呼父亲或者母亲，也会直接称呼名字。

3. 颜色场

颜色是一个非常有意义的范畴，许多人一提到中外文化差异，就会率先想到颜色含义的差别。颜色背后蕴含的含义往往非常丰富，不仅在中国，在世界上，颜色也是人们表达某种寓意的好方式。关于这些颜色背后含义的差异，可以表现出中西方之间巨大的文化差异。

四、英语词汇教学中思辨能力的培养

（一）词汇教学的原则

在英语的语言教学体系中，词汇的教学可以视为教学的起点，其重要意义不言而喻。学生必须在已经掌握了一定词汇量的基础上才可以进行句子、语篇的学习，因此，如果一名学生没有一定的词汇量基础，那么这名学生一定会在学习英语的过程中，感到非常困难。

词汇可以说是基础的存在，语言体系之中必须包含词汇，语言体系才能真正地将本来含义进行传达与理解。人类通过语言，相互传达自己的思想，完成思想的转换与传达。人际交往过程中的每一句话都是由词汇构成的，因此，足够数量的词汇储备，是确保个体可以顺利表达自己的思想观点的前提。

词汇教学不是一种随意开展的教学活动，相反，词汇教学必须遵守一定的教学原则，才能确保词汇教学按照正确的方向发展。词汇教学依照以下几项原则，可以更好地达到教学效果。

1. 直观性原则

词汇教学的难度较大，学生往往会产生难以完成的感觉，为了避免这样的情况出现，教师开展词汇教学时，应该遵循直观性原则，达到更好的教学效果。

教师可以以一种更为直观的方式进行词汇教学，如教师为学生创设出一定的教学情境，直观的呈现方式往往可以提升学生的学习积极性，学生的注意力也会相对集中。在这样直观、较为真实的教学情境中，学生可以感受到词汇教学的意义，促使学生主动学习，最终达成效果较好的词汇教学。

2. 趣味性原则

对于高职的学生而言，教学内容是否具有趣味性，也会在很大程度上影响学生的学习效果。英语教师要充分调动学生的积极性与学习的兴趣，可以通过互联网、多媒体等方式，为原本枯燥的教学内容增添趣味性。当学生产生学习兴趣的时候，就是学生的自我驱动力较强的时候，学生也会更加积极地探索词汇的意义，提升掌握词汇能力。

3. 音、形、义相结合原则

对于英语词汇来说，音、形、义三部分并不是相互割裂的，相反，这三个部分是紧密相连、相互影响的。

正因如此，教师不应该在英语教学中将这三者相互割裂，而需要将音、形、义这三个部分紧密相连。在词汇教学过程中，除了词汇的发音之外，词汇的语音特征，如连读、拼读、节奏、重音，教师也需要重视。

教师为了更好地开展词汇教学，可以将词汇的音、形、义紧密结合，以便学生记忆，起到较好的教学效果。

4.循序渐进原则

教学活动本身就应该充分遵循其本身固有的规律，按照循序渐进的顺序逐步开展。词汇教学亦是如此，一步一个脚印，按照一定的顺序，层层递进，逐步加深。词汇教学中，会涉及较为简单的词汇，也会涉及较为困难的词汇。教师在开展教学活动的时候，按照从简单到较为困难的顺序，逐步完成教学活动。

教师需要注意的是，针对首次出现的教学词汇，不应该进行超过教材内容的相关内容扩展。教师应按照教学材料内容的不断加深，使学生对于这个词的意义理解进入更深的层次，从而将词汇教学的难度与范围逐步扩大。

词汇教学并不是可以一朝一夕完成的教学任务，教师应该有耐心，并且将教学材料与学生当前认知发展的规律相结合，按照词汇记忆的客观规律，依照循序渐进性原则，一步步地完成教学活动。

5.重复性原则

前文中已经多次提到，词汇教学是一项具有难度的教学活动。按照人的认知发展规律可以得知，完成材料的记忆之后，随着时间的推移逐渐遗忘，这是一种正常的反应。比如，学生在完成词汇的学习之后，不加复习，将会按照一种先快后慢的顺序，出现将原有的知识逐步忘记的情况。

因此，教师需要及时提醒并且监督学生及时复习所学词汇。教师可以采取听写训练等方式，激励学生背诵、复习单词。通过多样的词汇训练，单词的复现率上升，学生的理解程度也会随之升高，学生最终可以记住甚至灵活运用所学词汇。

（二）英语词汇教学中思辨能力的培养策略

英语词汇的词义丰富多变，词的含义范围比较宽。词义对语言环境的依赖比较大，故有"词本无意，意由境生"的说法。因而，词汇教学可以较为有效地培养学生的思辨能力。学生可以在词汇的记忆、理解、应用、辨析等方面，完成教学要求。在教学实践中，教师采用多样化的教学方法，为学生提供与词汇接触的机会。学生在与词汇多次接触的过程中，不断提升思辨能力，最终在多种情境中准确地应用词汇。

1. 联想教学法

在英语词汇教学中，联想教学法是一种比较常见的教学方法。具体来说，教师就是在词汇教学时，在教授的词汇与其他事物之间建立有效的联系，引导学生通过联想完成词汇的学习与累积。

2. 构词法教学法

英语的词汇数量较为庞大，但是并不是无迹可寻。很多英语单词是通过派生法产生的，也就是由单词的词根与词缀构成。词根往往指的是这个单词的含义基础，凭借词根人们可以理解单词的基本含义。词缀则会改变词的词性，或者是为单词增添某种含义。毫无疑问，学生学习词根与词缀的过程，以及应用词根与词缀进行单词的记忆，对于人的思辨能力的培养是具有积极意义的。

词语前缀的主要作用是改变词的含义，但它不改变词性。下面是英语中常见的一些前缀词语（表5-1）。

表5-1 常见的词语前缀

前缀	含义	例词
un-	不，非无	unfriendly 不友好的；unknown 未知的；unusual 不寻常的；unhealthy 不健康的；unfamiliar 不熟悉的；uncomfortable 不舒服的；unforgettable 难忘的；unfortunately 不幸的
dis-	不，无，分开，消失	disabled 残疾的；disadvantage 缺点；disappear 消失；discourage 使沮丧；discover 发觉；dishonest 不诚实的；dislike 不喜欢 disease 疾病；disagree 不同意
mis-	错，坏，不，无	misunderstand 不理解；mistake 错误 misuse 误用；mislead 误导；misfortune 不幸（mis+fortune 幸运的）；mistrust 不信任（mis+trust 相信）

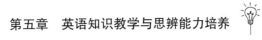

续　表

前缀	含义	例词
im-	不	Impolite 不礼貌的；impossible 不可能的；impatient 没耐心的；immoral 道德败坏的
in-	否定	Inexpensive 不昂贵的 independent 独立的 invisible 看不见的 indirect 间接的；Inability 无能；incorrect 错误的；inconvenient 不方便的；ineffective 无效的
non-	否定	nondurable 不持久的；nonsense 胡说，废话
il, ir	否定	illegal 不合法的；illogical 不合逻辑的；irrational 不合理的；irresistible 不可抵抗的；irrevocable 不可改变的
anti-		anti-terrorist 反恐的；antiwar 反对战争的
tele-	远距离的	telephone 电话；telegram 电报；telescope 望远镜；television 电视
inter-	互相 在…之间	international 国际的；internet 互联网；interview 采访
sub-	在…下面	subway 地铁；submarine 潜艇
over-	外面的；上面的；过度的	overcoat 大衣；overlook 眺望/远看/概述；overhear 偶然听到；overdue 迟到的；overweight 超重的；overstudy n. 用功过度（over+study 学习）；overwork n. 过度劳累（over+work 工作）；overact v. 表演过火（over+act 演出）；overbridge n. 天桥（over+bridge 桥→上面的桥→天桥）；overcoat n. 外套(over+coat 衣服→在衣服上的衣服→外套)；overcome v. 战胜，克服（over+come 来→来到上面→战胜）
post-	后	postpone 推迟；post-war 战后
semi-, hemi-	半	semifinal 半决赛；semicircle 半圆；hemisphere 半球
multi-	多的	multilateral 多边的；multinational 多国的 multiply a. 乘，繁殖（multi+ply 表动词→变多→乘）；multiform a. 多种多样的（multi+form 形式）；multicultural a. 多种文化的（multi+cultural 文化的）；multimedia a. 多媒体的（multi+media 媒介）

续 表

前缀	含义	例词
en-	在此之中；加强意义	encourage 鼓励；enlarge 放大；enrich 使丰富；enroll 招纳 / 招募
auto-	自己的；自动地	autobiography 自传；auto alarm 自动警报
bi-	两个的；双重的	biweekly 两周一次的 / 一周两次的；bimonthly 两月一次的 / 一月两次的；biannually 一年两次的；bicycle 自行车
up-	向上	upstream 逆流而上的；upstairs 楼上的
mid-	中	midday 中午；Mid-Autumn day 中秋节
micro-	微	Microsoft 微软；microwave 微波
tri-	三	tricycle 三轮车；triangle 三角形，
dec-	十	decagon 十角形；decade 十年
by-	在旁边，副的	byproduct 副产品（by+product 产品）；byroad 辅路（by+road 路）；byway 小道（by+way 小路）；bygone 过时的（by+gone 过去的）；bypass 旁路，忽略（by+pass 通过→从旁边通过→忽略）；by work 副业（by+work 工作）

　　后缀的作用主要是改变词性，但不影响词的含义。英语词汇的后缀根据其在构成新词时的词性可以分为四类：名词后缀、动词后缀、形容词后缀、副词后缀（表 5-2）。

表5-2　常见的词语后缀

类型	后缀	含义	例词
名词后缀	-or/er/ess/crat/cis	做某件事情或职业的人或物	worker, debtor ,actress, democrat
	-acy	性质，状态，境遇	democracy, accuracy, diplomacy
	-ance, -ence	性质，状态，行为，过程	importance, diligence, difference, obedience
	-ancy, -ency	性质，状态，行为，过程	frequency, urgency, efficiency
	-bility	动作，性质，状态	possibility, flexibility, feasibility
	-dom	等级，领域，状态	freedom, kingdom, wisdom
	-hood	资格，身份，年纪，状态	childhood, manhood, falsehood
	-ion, -sion, -tion, -ation, -ition	行为的过程，结果，状况	action, solution, conclusion, destruction, expression, correction
名词后缀	-ism	制度，主义，学说，信仰，行为	socialism, criticism, colloquialism, heroism
	-ity	性质，状态，程度	purity, reality, ability, calamity
形容词后缀	-able, -ible,	属性，倾向，相关	visible, flexible
	-al	有……的，似……的，适于……的	economical, philosophical
	-ful	充满着的	beautiful, wonderful,useful, faithful
	-ive	有……倾向	active, sensitive, productive
	-less	无……	countless, stainless, wireless

类型	后缀	含义	例词
动词后缀	–ize, ise	做成，变成，……化	modernize, mechanize, democratize, organize
	–en	使成为，引起，使有……	quicken, weaken, soften, harden
动词后缀	–fy	使……化	beautify, purify, intensify, signify, simplify
	–ish	使，令	finish, abolish, diminish, establish
	–ate	成为……，处理，作用	separate, operate, indicate
副词后缀	–ly	程度、次序、某一时间	recently, firstly
	–fold	倍数	tenfold（十倍），hundredfold（百倍）
	–ward(s)	方向	upward（向上），homeward（向家走的）
	–wise	方式、方向、方面	education-wise（教育方面），weatherwise

3. 网络多媒体教学法

活学活用对于学生而言不是一句简单的口号，教师开展词汇教学更是要以这句话作为教学的最终目标。教师在引导学生掌握词汇的基本含义的同时，也要灵活应用网络多媒体教学法，帮助学生在教学实践活动中逐步提升思辨能力。教师可以通过以下两个途径开展教学：多渠道加强词汇知识的输入，关注学生的自主学习能力的培养。

（1）多渠道加强词汇知识的输入。一个教学活动，涉及多方面因素的辅助，如教师、学生、教学设备、教材。其中，学生是最为活跃，也是最为关键的因素。教师为学生提供扩充词汇的渠道不应该被限制在课堂之上，或者说教科书内。教师的目的就是让学生大量输入语言信息，并且逐渐引导学生充分应用这些语言信息进行学习。

教师需要为学生营造出更加丰富多彩的教学环境，按照"语义场"理论，帮助学生扩大语义网，实现词汇量的扩充。在互联网上，有许多英语资源会相应配备一定的音频资料，学生也可以根据自己的需要选择其中一部分练习自己的语音，或者对自己的词汇进行补充。在线词典可以帮助学生在学习过程中遇到不认识的生词及时查找含义，答疑解惑。网络搜索引擎是帮助学生有效输入词汇知识，学习词汇的途径之一，也可以帮助学生逐步解决英语学习过程中遇到的语言障碍与文化障碍。

教师在学生利用网络进行词汇学习时，需要及时关注学生词汇知识的掌握程度，应该关注是否能够帮助学生将已经学习的词汇与现实中出现的事物紧密相连。教师也要通过多途径的考查方式，考查学生是不是准确地掌握了单词。

举例说明，教师在教授学生一些单词的同义词时，可以将相关词语的相同用法或者是不同用法直接用公式或者图表的形式展现给学生，如图5-2所示。教师将同义词或者反义词相关的例句直接展示给学生，学生可以在较短时间实现自己的词汇量扩大，并且可以有效地区分同义词或者近义词。

the other, another ,others, the others

I have two pens, one is blue, the other is red.

●　●　　　另一个

I have many pens, one is blue, another is red.

●　●　●　　还有一个

I have many pens, some are blue, others are red.

●　●　●　●　●　　还有一些

I have many pens, some are blue, the others are red.

●　●　●　●　●　　剩下的全部

图 5-2　the other, another ,others, the others 的区别

（2）关注学生的自主学习能力的培养。教师利用互联网可以更好地引导学生实现自主学习。教师可以将与教学内容相关的网络学习资源上传至共享空间，学生可以及时查看并且完成自主学习。教师还可以将词汇相关知识、词汇学习技巧、单词练习测评等相关内容都分门别类地上传到共享空间。学生可以根据自己现有的学习水平、学习进度，浏览并且学习相关知识。

学生学习的过程是按阶段一一进行的，当学生完成了现有阶段的学习之后，才能进入新的学习阶段，学生在学习的每一个阶段都需要实现自我监控。丰富的互联网资源可以为学生提供学习的机会，激发了学生学习的兴趣，提升了学生的学习积极性。

4.语义教学法

词汇之间并不是孤立、割裂地存在，词汇之间也有着同义、反义、因果、顺承等多样化的关系。因此，教师在进行词汇教学的时候，可以将语义教学法作为教学法之一，向学生讲解如何利用多样化的语义关系，加深词汇的记忆。学生可以深化对词汇的理解，并且提升思辨能力。

（1）词语之间的反义关系。英语词汇中一部分词语存在意义相反，

相互对应的情况。教师在教学的时候，有意识地将这些具备矛盾关系的词汇进行有效归类，帮助学生加深记忆。

advantage–disadvantage　　　　agreement–disagreement

praise–blame　　　　　　　　complex–simple

envy–satisfaction　　　　　　careful–careless

different–same　　　　　　　poverty–wealth

appear–disappear　　　　　　believe–doubt

cheap–expansive　　　　　　enormous–tiny

（2）词语之间的近义关系。词语之间意义相近，但是仍然存在细微的差异。教师将这些具有近义关系的词汇进行归类，可以利用一些已经学过的、具有相近含义的单词，帮助学生理解新词的含义。

quit 的近义词有 desert,abandon,forsake。

perfume 的近义词有 aroma，scent，fragrance。

gain 的近义词有 attain，acquire，achieve，obtain。

illustrate 的近义词有 demonstrate，represent，elucidate。

（3）词语之间存在一定的逻辑关系。有些词语之间没有近义关系，也没有反义关系，但是这些词语之间存在一定的逻辑关系，教师也可以将这种具有一定逻辑关系的词语建立联系，帮助学生记忆，常见的逻辑关系如下。

①类属关系

例如：Tigers are animals.Monkeys are animals.Tigers and monkeys are both animals. 老虎是动物。猴子是动物。老虎和猴子都是动物。

Trees are plants.Vegetables are plants.Trees and vegetables are both plants. 树是植物。蔬菜是植物。树和蔬菜都是植物。

Animals and plants are both living things.So,tigers,monkeys, trees and vegetables are all living things. 动物和植物都是有生命的，所以老虎、猴子、树和蔬菜都是有生命的。

②先后顺序或自然顺序

例如：February comes after January. 二月在一月之后。

March comes after February. 三月在二月之后。

April comes after March. 四月在三月之后。

③因果关系

例如：John slept soundly in class yesterday because he stayed up late the night before. 约翰昨天在课堂上睡得很香，因为他前一天晚上熬夜到很晚。

④同位关系

例如：Liu Dehua is the superstar of Hong Kong, China. 刘德华是中国香港的超级巨星。

Madonna is the superstar of America. 麦当娜是美国的超级巨星。

（4）多个词语同属于一个范畴。教师将一类的词语归纳到同一范畴中，学生可以根据教学要求，在学习新的词汇的时候，对已经学过的词汇再次进行补充，分门别类地学习、记忆词汇，往往更加高效。

音乐：solo, tune, viola, violin, piano, composer, chant, cello, symphony, harmony.

浴室：bathtub ,hand shower,tap faucet,plastic curtain,shower cap.

地址：ice sheet, molten lava, quartz sand, rock layer, soft water, sedimentary rock.

卧室：blanket,cushion,quilt,feather quilt,bedding ,mosquito net,pillow.

5. 情境教学法

词汇教学的最终目的是服务于实际生活的情境交际，在我国，现有的词汇教学需要学生切实理解并且正确运用词汇。教师需要根据教学需要，结合具体的情境，采用情境教学法进行教学。

教师通过语言、教学设备等工具为学生创设一个集合多种感官于一体的语言环境，使学生接触较为真实的语言情境，让学生有机会在这个环境中充分应用英语。如此，学生的主观能动性被充分调动，并在这种思辨的环境中，加强对词汇的了解，最终提升词汇学习的效率。

另外，词的许多语音特征、变化规律以及不同意义的展示也只有在话语情境中才能综合体现出来。教师可应用的情境如下：

（1）课堂情境。教师在教学词汇时，可以应用多种教具、图片等材料创设出课堂情境，为学生营造出身临其境的感觉。比如，教师在教授颜色词汇的时候，可以应用教具或者是实物对颜色词汇进行教学，以此调动起学生的视觉和听觉的感官，让学生切实感受到颜色词汇的含义，以及颜色词汇的用法。

教师教授天气相关词汇的时候，教师可以用互联网等相关工具，将天气变化的相关词汇展现给学生。教师可以利用相关的声音、图片、音频、视频等内容，让学生身临其境地感受到天气的变化。学生通过学习可以加深对词汇的印象，并且充分理解词汇的内在含义，促进学习效率的不断提升。

（2）生活情境。英语的词汇教学不应该仅仅将教学内容局限于书本教材，教师应该尝试拓宽教学的边际，在课上创设出一定的生活情境辅助词汇教学的开展。教师可以将一些教学工具作为创设生活情境的基础。比如，教师搭建出商店这样的情境，可以引导学生开展在商店中可能会发生的对话。

What can I do for you?

What would you like?

I'd like a piece of pie.

教师为学生创设了较为真实的生活情境，学生在进行词汇学习的时候，就会更加注重词汇的实际应用，不仅仅只进行单词的记忆。

（3）表演情境。教师显然不可能在课堂上完成所有的生活情境的搭建。教师在学生已经有一定词汇的积累之后，应该尝试为学生创设出一定虚拟的表演情境，学生可以在这个创设的虚拟场景中，将已经学习的词汇直接以表演的形式展现出来。

这种形式一方面，可以直接锻炼学生运用已经学习的词汇；另一方面，可以使学生通过这样的方式熟悉不同的教学场景。

第二节　英语语法教学与思辨能力培养

一、英语语法教学的含义

语法是一门语言的基础结构和框架，属于语言体系的规范性法则，语法是人们正确进行表达的规则和依据。一旦有人脱离了语法的框架，他的语言表述必然难以实现准确的描绘和信息传达。因此，英语教学中，语法教学是难以割舍的一部分，学生在学习和使用语言时，无时无刻不受到语法的规范。

英语语法包括描述性知识和程序性知识。描述性知识由各种语法规则组成，如词法、句法和章法，包括词类、从句、时态和语态、情态等；程序性知识是指如何运用语法完成交际任务的知识。第一种知识可以通过学习获得；而第二种知识表现为一种能力，必须通过训练和运用才能掌握。

英语语法本质就是一种规律性解释，无论是词语构成还是句子合成都必须遵循语法。人们使用语言进行交际时，应用语法将词语组成句子，使语言具有明确意义，双方可通过表述人的语句，明确对方的含义。语法作为情境交际的一套规则，对语言起到组织作用，能帮助使用者更准确地、更恰当地理解语言。

语法教学是更具针对性的教学内容，为了使学生在生活情境甚至是未来工作情境中，可以将英语作为一种恰当的工具，英语教材可以只包括语言中最基本、最常用的语法规则，英语教材的语法编写体系属于教学语法范畴，是实践语法。学生学习语法不是为学语法而学语法，而是将语法作为语言学习的工具。

英语课程的目标之一是培养学生的语言技能。英语语言技能包括听、说、读、写、译五个方面。在这五种技能中，语法知识没有直接呈现，但确实又渗透其中，英语语言技能的培养离不开语法知识，缺乏语法知识就无法正确地使用语言。因此，英语课教学语法是必要的，特别是符合中国学生认知规律的循序渐进的语法教学，能够有效地帮助学生正确地理解和掌握英语的行文规则。

可见，教授语法不是最终目的，而是培养学生语言实践能力的有效手段，其最终目的是让学生将语言的形式与其意义、交际功能有机地结合起来，通过在具体语境中体验和运用来内化语言规则，从而达到准确运用语言进行有效得体的交际的目的。因而，在语法教学时，应该考虑到语法教学在英语教学中的意义，即学习语法的目的就是确保学生正确使用语言进行有效的交流。

二、英语语法教学的目标

语法教学的目标是由低到高，由易到难，层层推进。大致可以概括为"知""练""能"三个阶段。三个阶段虽然是递进关系，但也并不是绝对的。也就是说，要想达到"能"，不一定要先达到"知"，有的人虽然不能完全掌握语法的意义和结构，但依然能够在语言活动中正确运用语法规则。然而对于大多数的英语学习者来说，由"知"到"能"，可能是达到终极目标最可靠、最有效的途径。

培养语言技能是英语课程的目标之一。语言技能包括听、说、读、写四个方面。在这四种技能中，语法知识无不渗透其中，离开了语法知识就无法正确地使用语言。在英语教学中，教学语法是必要的，符合中国学生认知规律的循序渐进的语法教学，能够迅速有效地帮助学生准确地理解和掌握英语。

对于英语教学而言，教授语法并不是教学的最终目的，教师培养学生语言实践能力才是一种语言能力提升的有效手段。语言教学的最终目的是让学生将英语的形式与其意义、交际功能有机地结合起来，通过在具体语境中体验和运用来内化语言规则，从而达到准确运用语言进行有效得体的交际的目的。

三、英语语法教学的意义

英语语法教学的意义是多层的，英语语法教学的意义包含以下几种，如图 5-3 所示。

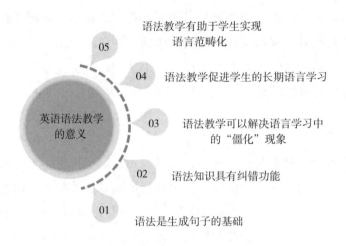

图 5-3　英语语法教学的意义

（一）语法是生成句子的基础

构成句子不是仅仅知道单词，将已经会的单词简单地叠加在一起即可，句子构成需要语法作为规则框架。

只有遵守一定的语法规则、词汇才能形成通俗易懂的句子。无论学习哪一门语言，学习者都必须不断记住各种语言要素，如词汇、短语、句子等。

语法是语言应用中的语言模式和语言规则，学生学会这些语言模式和语言规则后，就可以使用语言元素形成新的句子。外语语法是一种机制，它为学生提供了使用已知的词汇和凭借自己的创造力来组成无数句子的机会。这也就是为什么语法教学可以为学生创造更多语言的机会。

（二）语法知识具有纠错功能

学生在课堂上获得许多语言素材，其中包括单词、句子等，根据这些语言素材，他们还可以造出许多句子。然而，由于学生语言能力的限制，他们在造句时往往会有错误的表达。这时，他们应该利用语法知识进行纠正，使句子更加准确，表意更加清晰。

（三）语法可以解决语言学习中的"僵化"现象

如果学生有明确的学习动机，或者学生有较强的学习能力，他们即使在没有开始正式教学的情况下仍然表现出更高的语言水平。但在语言表达过程中，他们总是存在一些问题。

第一，学生可能存在经常用口头表达的方式，未参加系统的学习，他们有可能形成难以纠正的错误语言习惯。

第二，未经系统地学习，学习者的语言水平达到一定阶段时，就再也无法提高，出现了"僵化"现象。

当学生处于僵化阶段时，教师可以在语言学习中实施语法教学来改变这种现象。一方面，语法教学可以有效地提高学生表达的准确性；另一方面，语法教学也可以打破部分学生面临"僵化"的局面。

（四）语法教学促进学生的长期语言学习

语法教学可以促进学生的长期语言学习，这一结论是英语语言专家施密特（Schmidt）提出的。

在学习西班牙语的过程中，施密特在充分认识到西班牙语语法对学习西班牙语的重要性。为此，施密特在学习西班牙语过程中参加了一个正规的西班牙语语法班，教师在上课特别注意语法的教授。因此，在游历巴西期间，施密特的西班牙语语言技能水平迅速提高。他发现，他在与当地人交流的过程中，老师在课堂上曾经解释的许多语法元素总是被提及。因此，施密特在与当地人不断交流的过程中，注意各种语法元素的应用，使语法知识的记忆非常牢固并且灵活地应用语法。最后，施密特得出结论，西班牙语语法学习对掌握这门语言产生很大的影响。

同样，学习英语语法元素对于提高英语语言技能也起到非常重要的作用。

（五）语法学习有助于学生实现语言范畴化

所谓范畴化就是在对客观事物进行认知时，人会自主把相似事物联系在一起，赋予其与认知特征相关的语言符号，形成范畴。一个词的意义就是一个范畴的名称，范畴的形成过程就是范畴化。范畴化是在具有差异的事物中找到事物本质中的相似性，并在此基础上进行相应处理，同质化不同事物，从而进行分类，以此形成概念的过程和能力。我们在生活中每说一段话，至少运用、涉及几十种的范畴，包括概念范畴、语音范畴、词汇范畴、时态范畴和从句范畴等。

语言自身就是范畴的对象，我们对词性的分类、对语法成分的划分也是范畴化的过程。范畴化就是人类对世间万物进行分类的认知活动。人们在认识事物时，先对新事物发起提问：这是什么呢？这个问题也就是要将这个新事物归于哪个范畴的问题，这种对事物进行分类的心理过程就是范畴化过程。也因为有范畴化这一心理活动，人类才有能力形成概念，进而语言符号才具有意义。

每种语言都有自己特有的庞大系统。语法作为一个重要的语言系统，也包含许多子系统，它由明确的规则组成，因此语法教学将不可避免范畴化过程，学生进行语法学习的过程就是实现语法的范畴化过程。

四、语法的文化差异

英语语法的主要内容可分为词法和句法。

词法主要包括构词法和词类。构词法讨论词的转化、派生、合成，以及不同的词组等内容。词类分为静态词和动态词。静态词包括名词、形容词、数词、代词、副词、冠词、连词、介词、感叹词。需要指出的是，静态词并非绝对不变。例如，名词也有数、格、性的变化，形容词有比较级和最高级的变化。动态词包括动词及时态、语态、助动词、情态动词、不定式、动名词、分词、虚拟语气。

句法主要包括句子成分、句子分类和标点符号三大部分。句子成分主要包括主语、谓语、宾语、定语、状语、表语、同位语、独立成分等。

根据不同的标准可对句子有多种划分：按结构可将句子分为简单句、复合句和并列句；按目的可将句子分为陈述句、疑问句、祈使句、感叹句。另外，标点符号也是句法学习必不可少的内容之一。

对比英语及语法教学的文化差异也是从词法和句法两个方面进行探索。

（一）词类及其应用方面的差异

就词类而言，英语和汉语有许多相似之处，如名词、代词、动词、形容词、副词、介词等。然而，也存在一些差异，如英语中常见的冠词，在汉语中是没有的，英语单词的词形会发生改变，但汉语无词形变化。

另外，英语和汉语词语应用方面的差异，可以体现在以下几个方面。

1.动词

英语和汉语关于词语应用方面，动词的使用有着巨大的区别。汉语动词灵活多变，可以独立、连续或重复使用，而英语往往不重复使用动词。此外，英语动词根据时态、语态的变化，其词形也会发生相应的变化。

2.名词

所谓名词就是表示事物名称的词。英汉两种语言中都有名词，这一点是相同的。但是，英语名词词形因单、复数之分而发生变化。汉语名词除"……们"为标志的复数外，几乎所有单、复数的形式都是相同的。

3.冠词

冠词就是用在名词前的限定词。英语里存在大量的冠词，而汉语却没有冠词。

英语的冠词通常分为定冠词和不定冠词两种，分别用 the，a 或 an 表示。定冠词表示特指某事或某人，不定冠词表示泛指。但是定冠词有时也可用来表示泛指。有时用定冠词，有时用不定冠词。什么时候用，什么时候不用，要根据上下文而定。

4.虚词

虚词主要起辅助、联系或移情的作用。英汉这两种语言都有各自的虚词。但较之英语，汉语的虚词要多得多，如汉语中有"的""吗""了""呀""而"等，英语则没有与之对应的虚词。

（二）句法方面的差异与翻译差异

1.在句子结构差异与翻译差异

汉语和英语的句型和句式差异较大，但也有相同之处，如都含有主谓结构。但汉语和英语的主谓结构也不是完全一致的，而是存在一定的差异，相对于英语而言，汉语的主谓结构要更加复杂。在英汉两种语言中，无主句，即没有主语的句子都是一种较为常见的情况。相较而言，汉语中的无主句远多于英语中的无主句。

第一，在形式上，汉语主语类型多样，并且只要符合语法规范且不影响句子理解，主语既可以出现，也可以不出现。

第二，在语义上，汉语主语既能表示施事者，又能表示受事者；既能表示时间，又能表示地点；既可以是名词，也可以是动词或者形容词。

通常情况下，英语的句子结构比较完整，若存在英汉句子互译时，可以把汉语的无主句加上主语译成英语，或者用被动结构来翻译。例如：

学然后知不足。

The more a man learns，the more he sees his ignorance.（加主语）

剧场内不准吸烟。

Smoking is not allowed in the theatre.（被动）

2.被动与主动的差异与翻译差异

被动语态是一种在英语中经常被运用的语态，一旦该动作没有明确的执行者，或者不想、无须指出动作的执行者，可以采用被动语态，突出动作的被执行者。

汉语大多时候采用主动的句式，汉语中往往强调的是动作的执行者，用于表述句意。因此，英汉互译时，常将英语的被动结构改为汉语的主动结构以便符合汉语的表达习惯。例如：

A new railway is being built.

一条新铁路正在修建。

3.语序方面的差异与翻译差异

虽然英语和汉语都属于线性排列顺序，但是在实际应用时，英汉的语序仍然有着较大的差异。主要表现在以下几个方面：

（1）英语中的定语和状语等修饰语，往往位置比较灵活，出现在被修饰成分之前或被修饰成分之后都是被允许的，一旦句子的修饰语是短语或分句，则需要将短语或分句放在被修饰成分之后。而汉语中涉及修饰语时，无论是词、词组还是分句都必须放在被修饰成分之前。

因此，英汉语言互译时，汉英句子的换序译法又可称为顺序调整法，这种方法主要是通过变动原句某一组成部分的位置来达到使目的语译文逻辑清晰、表述合理、语句通顺的目的。在汉语思维中，人们经常强调表达的先后顺序，因此汉语表现为意合的语义型语言，句子的含义要通过句子组成部分排列的先后顺序体现出来。而英语文化中人们通常用理性思维思考与描述问题，因此英语表现为形合的分析型语言，其句子的含义要通过逻辑关系体现出来。例如：

The man whom we met in the street yesterday is an English teacher.

我们昨天在街上碰见的那个男子是英语教师。

（2）英语句子中对信息的重要性与次要性分得很清楚，要求把主要的、重点的信息放在突出位置，把次要信息作为辅助性的表达或叙述手段。因此，倒装在英语中是一种常见的语序，其目的是取得句子形式上的平衡，避免头重脚轻的现象发生，或是为了强调。而汉语里则几乎没有倒装的情况。翻译时，须对这些位置进行调整。例如：

No longer were his lectures greeted with sneers and catcalls.

他的课不再遭到嘲讽和"嘘"的起哄声。

（3）受到不同语言文化影响，中国文化中习惯先陈述论证内容，然后层层递进，最后引出结论。外国人习惯先开门见山，先抛出结论，再逐点论述。因此，英语句常把判断性或结论性的部分放在句子最前面，以凸显结论。汉语则恰好相反，将结论性的内容放在句子的末尾。例如：

It is hard to say if he will come tomorrow.

究竟他明天来不来现在很难说。（汉语句中结论性、判断性放在句尾）

（4）同样受到文化差异的影响，在多个内容并列，有词义差别的时候，英语国家习惯将重要的内容放在后面的位置，汉语则习惯于将最重要的内容置于最前。因此，在一个句子中涉及几个并列词语时，几个词的词义有轻重强弱之分，英语的排列顺序一定是先轻后重，先弱后强，汉语则相反。例如：

We should and must go at once.（先轻后重）

我们必须而且应马上就走。（先重后轻）

五、英语语法教学中思辨能力的培养

（一）语法教学的原则

英语语法教学就是教师要在一定的教学原则之内，开展教学活动。教师凭借这些教学原则的指导，才可以最大限度地激发出学生的学习兴趣，充分调动学生的学习积极性，最终提高学生的英语语法能力。

1. 交际性原则

英语作为一门语言，学习英语的首要目的就是应用于语言交际活动，因此，对于英语教学而言，必须遵循交际性原则，才能真正开展有效的英语教学。

一个人的交际能力包含语言能力，一个人只有具备了一定的语言能力，才能开展交际活动。语言能力是交际能力的前提与基础。

学生只有具备一定的语言知识，才有可能将这些语言知识充分应用于实践活动之中。相反，一个人如果已经具备较强的语言能力，那么这个人的语言能力，也一定是在一定的交际活动中逐步形成的，而不可能是凭空出现的。因此，在英语教学中，教师需要教授给学生一定的语法知识，但教师更应该将语法知识融于交际活动之中，使学生可以真正地做到学以致用。

2. 动机性原则

学生的学习动机，是学生能否真正学好英语的重要保障。在英语教学活动中，语法教学充斥着单调、枯燥、困难，学生很容易对语法学习失去信心，甚至对英语学习失去兴趣，学生缺乏学习英语的动力，最终难以达到较好的教学效果。如果可以充分激发学生的动机，能收到良好的教学效果。

3. 系统性原则

语言是一个完整的系统，语法是这个系统当中的重要内容。英语语法教学必须始终坚持系统性原则。

教师想要遵循系统性原则，就要真正从语言系统出发，开展一系列的教学活动。教师开展语法教学活动时，需要将语法教学的内容与现代教学相结合，最终与语法发展的规律相匹配。

语法的内容较多，较为繁杂。教师要坚持系统性原则，教师可以让学生先从整体感知语法的规则，引导学生学习语法的各个部分，从点到面，再从面到整个立体结构，最终，学生可以直接建构起一个完整的语法系统。

4. 情境性原则

词汇教学强调情境性原则的重要性，同样，在语法教学之中，情境性原则仍然十分重要。英语语法教学也要始终坚持情境性原则。

英语的语法讲解不应该以一种简单、枯燥的形式，也不应该引发学生的厌恶、疲惫之感。若学生在这样的教学环境之中，即便勉强学会了语法规则，仍然难以将这些语法规则灵活应用在实践之中。采用情境性教学则可以比较有效地规避这一点，改变原有语法教学中的固有弊端。

教师在进行语法教学的时候，也应该在教学设计环节，考虑语法知识能否与实际生活相结合，将学生的兴趣、学生生活情境与教学相结合，用一种更生动的语言，将语法规则教授给学生。

5.针对性原则

教学的针对性就是指教师在进行语法教学的时候，要有一定的针对性，教师需要针对学生的薄弱关卡进行针对性的教学。由于地域差异，以及学生原有的教学背景差异，高职学生的语法基础存在较大差异。

教师需要差别化地对待不同水平的学生，根据针对性原则，采取针对性措施，面向不同班级、不同水平的学生进行差别化教学，开启针对性措施。如果学生具备较强的语法能力，教师可以直接进行难度较高的交互性语法教学活动，如果学生的语法基础较为薄弱，教师需要帮助学生巩固语法基础，针对薄弱环节进行针对性讲授，特殊问题特殊处理。

（二）英语语法教学中思辨能力的培养策略

"一学就会，一用就错"是学生在英语语法学习中常见的问题，这一常见的问题是学生的思辨能力存在一定的问题导致的。教师为了提升英语语法教学的最终效果、提升学生的思辨能力，需要采用多种教学方法，应用多媒体呈现、思维导图等方式，实现语法知识的直观呈现，并且启发学生多方面、多角度地对语法知识有较为深入的理解与学习。学生可以从语法的规则、语法的知识、语法适用条件等多个方面，针对容易混淆的语法知识点进行思考与辨析，最终提升自己的思辨能力。

1.归纳法

教师可以按照从个体到一般的顺序，坚持以学生为中心，引导学生主动从语法知识当中，将语法的规则一一归纳。运用语法归纳法开展语法教学，学生可以在这一过程中，感受到语言不断总结和归纳的过程。

教师往往可以通过以下三个步骤完成归纳。

第一，对语言材料进行提炼。学生需要改变对于一些语法知识点的看法，对语言材料加以有效地凝练。

第二，对已有的语言材料进一步加工。学生针对已经经过提炼的语言材料，进一步进行分析归纳，并且从中感受普遍适用的语法规则。

第三，阐述其中的语法规则。教师进行有效的引导与教授，在完成教学活动之后，学生可以针对已有的语言材料明确地阐述出其中的语法规则。

举例说明，教师先将这些句子展示在黑板上。

Mike is so honest a worker that we all believe him.

Mike is such an honest worker that we all believe him. 迈克是一个非常诚实的工人，我们都相信他。

He earned so little money that he couldn't support his family. 他挣的钱太少，以至于无法养家糊口。

He got up so early that he caught the first bus. 他起得很早，所以赶上了第一班公共汽车。

Its such a good chance that we must not miss it. 这是个好机会，我们一定不能错过。

教师引导学生总结这些句子中的共同之处，学生进行有效的总结，并且积极进行反思。

紧接着教师在学生已经进行初步总结的基础上，进一步归纳总结，将语法结构展示给所有的学生：

so+ 形容词 / 副词 +that 从句

so+ 形容词 +a/an+ 可数名词单数形式 +that 从句

so+many/much/few/little+ 名词 +that 从句

such+a/an + 形容词 + 可数名词单数形式 +that 从句

such+ 形容词 + 复数名词形式 / 不可数名词 +that 从句

such+a lot of/lots of+ 名词 +that 从句

学生可以通过归纳法积极参与教学活动，并且在这个教学活动中，充分发挥自己的主观能力，并不是简单地听从教师的讲授，简单地输入。学生经过自己的观察、思考、分析、归纳最终获得的结论，必然可以有更为深刻的印象。

不仅仅是上述的例子,事实上,很多语法教学都可以应用归纳法,教师可以凭借归纳法获得较好的教学效果。

2. 演绎法

所谓的演绎法,就是从一般走向特殊的过程。在英语语法教学中,教师凭借演绎法可以完成大量的语法讲解,将一般原理针对某个个别性的论断,进行再次证明。

教师在教学的过程中,可以先向学生介绍简单的语法概念,再进行举例说明与详细的分析论证。将这种具有抽象特点的教学现象直接引入到具体的教学之中,凭借大量的相关练习,学生可以学会语法知识点,并且可以将这些语法知识点独立应用。

以情态动词为例,教师在教授情态动词的时候,可以将演绎法较好地运用其中。

教师在正式开始讲述情态动词"should"之前,先将以下情态动词的一般性特点展示给学生,并且用已经学过的情态动词"can"辅助理解。

情态动词一般特点:情态动词无人称和数的变化,情态动词后面跟的动词用原型,否定式的构成是在情态动词后面加"not"。

以 can 为例子:

can 没有人称和数量的变化。He could be here soon.

can 后面跟的动词用原形。I can help you. Come here.

否定式构成是在情态动词后面加"not"。I'm sorry I can't help you.

紧接着,教师可以将新教授的"should"一词应用其中,引导学生自己尝试将情态动词的一般特点套用其中。教师将正确答案公示给学生,让学生进行订正。

should 没有人称和数量的变化。

should 后面跟的动词用原形。

否定式构成是在 should 后面加"not"。

教师要求学生进行大量造句、练习，学生可以通过这一过程，逐渐对这个新的语法知识点越来越熟悉，最终熟练掌握。

3. 网络多媒体教学法

网络多媒体教学法可以将教学原有的较为沉闷的氛围彻底改变，转向一种更加轻松愉快的教学氛围，有效地缓解学习活动使学生产生的焦虑之感。

（1）多媒体教学课件呈现。教师可以用网络多媒体制作出精美的教学课件，将语法知识点、语法句型等内容展现给学生，使学生可以感知这种生动形象的内容输入，帮助学生建立语法知识的形象，便于学生记忆相关的语法知识点。

比如，教师讲授动词的不同变化、动词过去式与动词过去分词的差异时，为了更加直观地将差异展现给学生，可以运用不同颜色，行之有效地集中学生的注意力，学生也可以对这些变化规律进行总结，有针对性地举一反三。

特别是一些具有特殊变化的词语可以单独标记，如 see-saw-seen 就可以单独呈现，便于学生记忆。

（2）学生在情境中应用语法知识点。在互联网的环境下，可以建构出相对较为逼真的环境，学生可以在这样的环境里，对语法知识进行有效内化，并且可以创造性输出。教师利用互联网，可以播放一些相关的图片、影片、对话情景等，学生可以进行较为有效的语法知识的应用。

比如，教师在进行一般过去时的教学活动时，可以要求学生将过去的一些照片带过来，在课堂上要求学生对照照片进行描述。学生可以根据照片更加生动形象地理解"一般过去时"这一知识点，学生自己亲身经历后，也会有更加深刻的印象。

（3）课后拓展的教学模式。互联网辅助教学，可以应用于课后，毕竟语法知识仅仅凭借课上时间是远远难以掌握的，课后拓展则可以起到更好的辅助作用。

教师可以利用网络与学生交流。这会是一种有效打破时间和空间限制的教学辅助手段，学生可以在更加轻松的氛围中，将课上的内容延展到课堂之外。

教师可以主动创建讨论群组，实现资源共享和思维碰撞。教师将已经提前准备的教学问题发送到群中，学生提前开展预习，并且可以提出问题，引导大家积极参与讨论。

（4）结合听说读写等多种方式练习语法知识。语法不是一个枷锁，语法是服务于英语这门语言的，因此，语法的学习不应该孤立存在，而是应该与听说读写等多种途径紧密结合。教师根据语法知识、语法相关教程，有针对性地开展其他的技能训练，学生可以对语法知识进行有效巩固，将其转换为自己的可理解性输入。

比如，教师在课堂教学活动中，可以将听力与语法知识的学习相结合。教师要求学生对听力的内容进行听写，毫无疑问，在这一过程中，既完成了听力的练习，又完成了语法的练习，实现了多种技能的叠加。

4. 思维导图

思维导图是一种可以有效将原本受到限制的思维不断发散的图形工具。在语法学习过程中，教师必须妥善运用思维导图，充分有效地利用好关键字，用图形和结构关系，实现知识的有效整合，将其中的重点知识突出展现，刺激学生的记忆，并且激发学生的学习热情，促使学生进行积极的思考。

（1）思维导图的类别。语法教学中常见的思维导图主要有以下几种：

①语法分析图是一种根据奥苏贝尔的有意义理论建构生成的一种思维导图。

我们经常在英语单词学到一定阶段之后应用这种分析图。随着英语学习水平的提高以及学习内容的不断累积，学生在进行复习与汇总的时候，就要对同个单词或者语法知识进行一个阶段性的总结。以 clean 为例，如图 5-4 所示。

图 5-4　clean 为例子的语法分析

②头脑风暴图是一种常用的思维导图，本节将以图 5-5 作为示例，讲述头脑风暴图的一般形式。

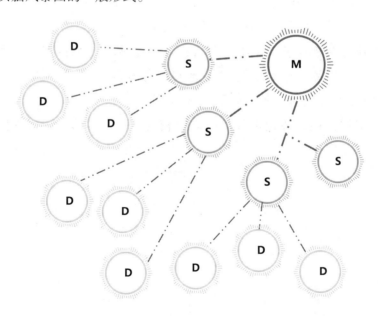

图 5-5　头脑风暴的一般形式

头脑风暴图，如图 5-5 中所示，M 为本头脑风暴图的中心词。

M 是中心词，会有不同的发散方向，即 S 为节点，发散出不同的话题与内容，D 为相关话题。

在英语语法知识教学的过程中，教师可以划定一个关键词或者中心内容，引导学生充分发散思维，以中心的内容为关键点，触发其他知识，最后进行统一的归纳与总结。

毫无疑问，在头脑风暴的过程中，学生可以充分发展自己的思辨能力，充分发挥自己的主观能动性。

③分层结构是一种常见的思维导图的类型。这种分层的结构具有层次分明的特点，上层内容与下层的内容之间存在着相当清楚的隶属关系。

无论是教师还是学生都可以充分利用分层结构，将学习内容进行层层解析，从整体到部分，一点点延伸至细节处，这种类型的分层结构可以通过中心关键词引导，使学生与教师之间形成一种有效的互动关系，教师与学生在互动的过程中，完成知识的学习与进步。

教师可以借助分层结构复习英语语法，教师将中心内容写出后，带领学生一步步完成内容的填充，学生可以对内容进行逐层回忆、逐步分析，培养良好的阅读、语法学习、写作习惯。

分层结构在语法知识教学中应用较为广泛，具体的形式如图 5-6 所示。

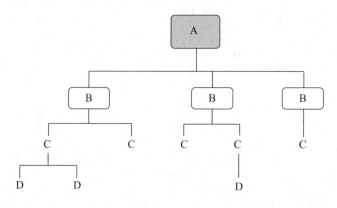

图 5-6 分层结构

在英语语法知识中，有大量的知识点存在，知识点之间相互包含与被包含的关系、上层与下层之间的隶属关系十分明确。教师可以选择这种分层结构，将上下层之间的联系直接呈现给学生，学生可以在教师的帮助下，迅速完成知识框架的构建。

正如图 5-6 所示，可以将一个知识点作为核心内容，对其进行层层剖析，学生可以在这个过程中逐渐培养出思辨思维。

（2）思维导图的应用。思维导图是一种有效提升学生思辨能力的辅助性工具。教师可以将具体的语法知识以一种新的形式呈现给学生，学生可以在多个情境中，深化对语言知识的理解。

①按照具体内容和分类进行整合、归纳。在进行语法知识、句子相关的内容教学时，特别是进行从句教学时，因此阶段的教学较为复杂，教师可以在此处主动引导学生自行绘制思维导图作为辅助，如图 5-7 所示。

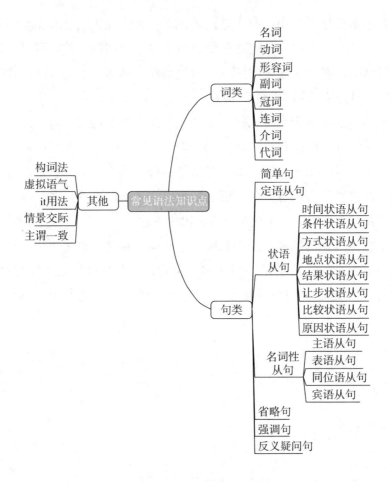

图 5-7　常见语法知识点

　　学生对于语法知识没有一个整体的概念时，学生所掌握的知识是较为碎片的，特别是在学从句的时候，学生有可能会因为不理解其中的关系，造成知识点的混淆。无论是教师将已经做好的知识点图直接呈现给学生，还是教师在复习课带领学生逐个对知识点进行回顾，学生都可以在这个过程中获得一个比较完整的知识框架。特别是学生可以凭借这个过程，实现自己思维的开拓与发展。

　　②按照具体内容和分类进行整合、归纳，语法知识不仅需要从整体

的角度去把握，语法知识中更是包含了许多知识点，需要我们进行细节处理。

教师可以用思维导图进行更为直观的呈现，帮助学生将这些较为抽象的语法知识的细节一点一点地厘清，以达到更好的教学效果。举例说明，交互式可以针对 as 和 which 进行相同点和不同点的区分，如图 5-8 所示。

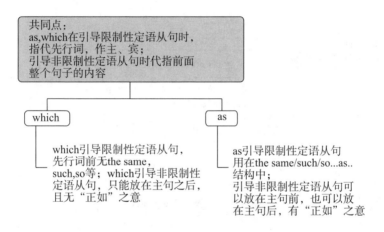

图 5-8　as 和 which 相同点和不同点的区分

③按照一定逻辑关系进行知识归纳，对知识进行罗列的时候，特别是知识之间有着一定的逻辑关系时，可以采用鱼骨图、逻辑图、头脑风暴图、蝴蝶图、网状图等。

鱼骨图就是一种可以发现问题的"根本原因"的思维图，也可以叫因果图。

鱼骨图是一种简洁实用的思维导图。鱼骨图是一种可以深入直观的思维导图，鱼骨图是将问题标在鱼头，在鱼骨上长出"鱼刺"，将核心讨论的内容列在鱼骨上，将各种相关内容写出来，最终找到原因如何影响最终的结果。

通常情况下，鱼骨图是先将问题填写在鱼头的位置，画出主骨，画出大鱼骨之后，写出大原因，画出中鱼骨写出中层原因，画出小鱼骨写出小原因。可以将众多原因中的重点原因用符号进行标识。

在英语话题写作中，经常应用鱼骨图进行分析，如图5-9所示。

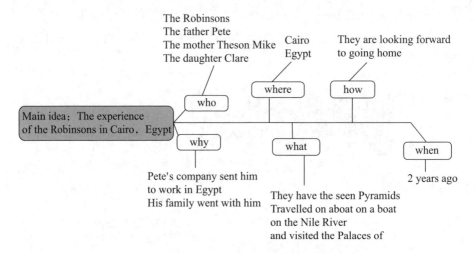

图 5-9　英语话题写作鱼骨

如上图所示，以 Main idea: The experienceof the Robinsons in Cairo ,Egypt 为核心，将其写在鱼头的位置，将 when、where、who、how、what、why 作为中鱼骨，在课堂上，引领学生将相关内容填写完整，锻炼学生的思辨能力。

在英语教学中，针对一些语法细节进行规律总结的时候，可以选择应用逻辑图进行有效汇总，如在学习虚拟语气的时候，可以应用逻辑图将虚拟语气的时态一一列出来，如图5-10所示。

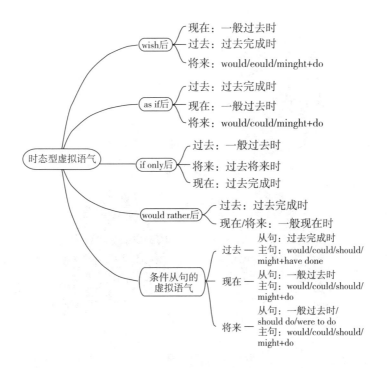

图 5-10　时态型虚拟语气

　　将虚拟语气按照时态进行区分，可以将原本繁杂的知识点以一种较为简单的形式进行呈现。学生在这个逻辑图中可以精准而又明确地将虚拟语气的知识点迅速掌握。

　　反义疑问句对于学生而言也是一个难度较大的知识点，特别是与情态动词连用的时候更容易出现错误。这时教师可以应用网状图将原本大段的文字转换成图表的形式，更加容易理解。（图 5-11）

图 5-11　网状图

长篇大论的文字对于学生而言较难理解，他们也不愿意去花费大量时间重新分段，但是将整段内容直接转换成网状图，更为直观、易懂。

第六章　英语技能教学与思辨能力培养

第一节　英语口语教学与思辨能力培养

一、英语口语教学的意义

（一）满足社会对人才的需要

社会对于人才的需要是多样化的，特别是交际性人才，对于每个国家而言，都是颇为重要的。

语言与文化之间的关系是不能被忽视的，中国的学生在中国文化背景下生活成长，接受的是中国文化。中国学生在学习第二外语的时候，需要接受其他国家特有的文化孕育出的文化。

中西方在历史背景、文化特点上都存在较大差异，并影响其语言特点，呈现出不同的习惯与风俗。我国的学生在学习英语这个第二语言时，两种语言的文化差异就是学生需要掌握的内容。特别是在口语表达过程中，中英文的口语表达方式、表达习惯等都存在差异。

中国学生在与外国人交流的过程中，需要在口语表达方面注意文化的不同，以免造成误会，影响交流的效果。

（二）口语是语言学习中重要的组成部分

学生在学习英语这门语言的时候，听、说、读、写、译都需要一一掌握。学生"说"的水平，也在一定程度上反映出他的语言水平。

口语表达是英语技能的重要组成部分，教师重视学生的口语交际能力，也是为了促进学生语言水平的提升。

（三）促进阅读教学的开展

口语教学对于阅读教学的开展可以起到促进的作用。在口语教学中，涉及课文朗读、口头复述、话题讨论等内容，学生的口语能力可以随着口语教学的开展而提升。在口语教学的同时，可以加深学生对文章的理解，提升学生的阅读能力。

（四）促进写作教学的开展

口语教学对于写作教学的开展可以起到促进的作用。口语教学可以在提升学生口语能力的同时，提升学生的表达能力。在口语教学的过程中，教师要求学生在教学的时候做口头的练习，课下完成写作。

一般情况下，学生的口语能力有了提升后，表达能力也得到提升，说得清楚，说得明白，进而可以在写文章的时候表现出较高的写作水平。因此，口语教学可以在一定程度上促进写作能力的提升。

二、英语口语教学的目标

（一）基础目标

英语口语教学的目标相对而言较为明确，主要是以完成交流与对话为主。

一是英语口语的基本目标是可以就日常话题进行简短但多轮次的对话交谈。

二是学生可以简单地用英语叙述或描述一般性事件和物体。

三是学生可以在准备之后就熟悉的话题作简短发言。

四是学生可以与他人就学习或与未来工作相关的主题，用英语进行简单的讨论。

（二）提高目标

学生在已经掌握了一定的英语语言能力之后，往往会追求更高一层的目标，也就是追求提高目标。

一是学生可以针对一般性话题，能用英语开展比较流利的会话，这是英语教学的前提与基础。

二是学生能较好地用英语表达个人的观点、意见、情感等。

三是就熟悉的观点、概念、理论等进行进一步的阐述、解释、比较、总结等。

四是语言组织结构清晰，语音、语调基本正确。

（三）发展目标

英语口语的发展目标是针对已经具备一定水平与基础的学生而设立的，通常情况下，高职学生处于这个发展阶段。

一是学生可以应用英语较为流利、准确地就通用领域或专业领域里一些常见话题进行对话或讨论。

二是学生能用简练的语言概括篇幅较长、有一定语言难度的文本或讲话。

三是学生能在国际会议和专业交流中诵读演讲稿并参加讨论。

四是学生经过专业训练后，能参与商务谈判、产品宣传等活动。

三、英语口语教学的内容

英语口语教学是一种理论与应用并行的教学活动，因此，口语教学的内容涉及面相对较广、综合性较强，主要包含了语音训练、词汇练习、阐述语言口语化特征、交际互动能力培养、教授文化知识五个方面，这五个方面是层层递进的。

（一）语音训练

语音是开展英语口语学习的基础。

语音训练的目标就是掌握正确的语音和语调，包括重读、弱读、连读、音节、意群、停顿等。错误的发音甚至不正确的语调必然会影响他人理解对话内容，造成误解。

教师在开展口语教学时，必须引导学生利用语音、语调表达正确的意思。语音、语调不仅影响说话是否好听，还具有一定的表意功能。一旦说话就必然会涉及语音、语调的变化。教学中，教师不仅要关注句子层面的句型结构，而且更要关注口语语篇中的语音、语调教授。

（二）词汇练习

词汇是英语教学开展听、读、说、写四项技能的基础，是一项不可缺少的工具。

学生没有足够的词汇储备，就不会有足够的输出语料，从而无法进行信息交流。如果没有足够的词汇，就无法在大脑中预置词块，这将不可避免地影响英语语言输出的有效性。口语交际的实现离不开充足的词汇储备，因此，教师在英语口语教学活动中，应主动关注学生词汇的积累。

（三）阐述语言口语化特征

阐述语言口语化特征，需要让学生了解英语语言口语化的特点。

例如，在英语情景交际教学中，当对话涉及听者时，疑问句通常会省去句子的主语甚至是助动词。了解语言口语化的特点有利于提高学生的口语能力。

（四）交际互动能力培养

交际互动能力培养是让学生掌握交际互动能力。

在口语交际中，如何开启对话是一个重要的问题，如何结束对话也是一个值得研究的问题。在英语口语学习过程中，教师应引导学生掌握在互动中进行意义磋商的技能，如澄清请求、确认检查和理解检查。

（五）教授文化知识

在英语口语交际中，相关的文化背景知识也很重要。

恰当得体的交际的要求决定了学生必须掌握一定的文化知识，包括共同的文化规则和不同文化之间的交际规则。这意味着学生不仅要有扎实的语言基础知识，还要有一定的文化知识。教师必须在英语教学过程中，将文化知识纳入英语教学的教授范畴，帮助学生逐渐构建知识框架。

四、英语口语教学中思辨能力的培养

高职英语口语教学必须注重思辨能力的培养。学生口语能力的提升，离不开思辨能力的提升。因此，教师需要将口语教学视为一个长期复杂的工程，在进行口语技能教学的时候，不能只聚焦于口语本身。教师需要为学生探索出多途径多方法，一方面提升学生的思辨能力，另一方面提高学生的口语能力。

（一）合作学习法

合作学习法是以小组为单位，小组成员之间以相互帮助、相互鼓励的方式，促进他人学习，完成共同的教学目标，同时完成自我的发展，实现个人学习的能动性和创造性的发展。教师在合作教学中主要起到制订教学计划，选取教学材料，为学生分配教学组别，控制学生学习进度等作用。

合作学习，需要学生与其他组员相互沟通，逐渐弥补自身的不足。学生对自己的行为负责，也需要对整个小组负责。学生凭借一定的自我管理，才能在小组的合作学习中完成学习任务。学生可以根据学习计划，阶段性地提升自我。学生要在合作学习过程中不断寻找练习口语的机会。学生需要主动检查自己是否具备一定知识，克服自己固有的不利于英语学习的因素，发展属于个人的学习风格，完成多样化的学习任务。

（二）情境教学法

语言交际环境的创设，是确保外语教学效果的重要一环。语言学习的最终目的是在实践中应用该语言，解决现实生活、工作和学习中的相关问题。

教师主动为学生创设出具体、真实、生动的语境，让学生在与真实语境相似的应用情境中开展口语学习。教师需要在学生开展口语实践时创造多种语言情境，加强语言与情境的紧密结合，使抽象语言具体化、可视化，更接近日常生活中的自然对话。

实践证明，在课堂上创设真实的语言情境，不仅可以激发学生学习英语口语的兴趣，而且还能使学生更快地掌握口语技能。情境教学法的开展方式有很多，下面介绍其中的两种。

1. 配音

配音是一种教师可以在班级里开展的有效的情境教学的手段。教师选取一段电影片段或小视频作为教学素材，可以先让学生听一遍，然后教师解释其中包含的语言要点，再播放两次。这样学生就可以试着记住教学素材。接着教师把电影片段或小视频调到静音，让学生根据记忆试着复述。此外，教师可以让学生观看无声电影和电视，然后让学生利用自己的想象力针对画面去配音。这种方法更有利于激发学生的想象力，调动他们参与的积极性，口语练习的效果会更好。

2. 角色扮演

角色扮演相较于配音而言，在英语教学活动中的应用更为广泛。角色扮演是一种深受学生喜爱的教学活动，也是情境教学的主要方式。

教师在开展角色扮演教学活动的过程中，可以先为学生创设一个具体的情境，根据上述情境设定可能出现的角色，并分配或允许学生讨论后自定义各自的角色。

教师组织角色分工之后，学生可以开展排练，然后在全班面前表演。在排练和表演期间，教师应尽量不干预，如有必要，只给予适当的指导。表演结束后，教师可以让学生表达他们对表演技巧和语言使用的看法。最后教师对学生的表演进行点评。

教师进行点评之后，也可以要求学生对扮演的情况进行自我复盘。学生可以将自己的感受，与教师的点评相结合，对自己的表现进行深入的感知。

角色扮演活动不仅可以提高学生对外语口语教学的兴趣，减少学生对外语口语学习的恐惧，而且可以使学生模拟在不同的社会环境中以不同的社会身份进行交流，对提高英语口语教学效果和学生思辨能力起着重要作用。

（三）立体化问答

在进行课堂教学的过程中，必然会有提问的环节，教师可以在教学中采用立体化的问答方式。

教师原本的教学活动也会进行口语的问答互动，但是，教师需要有针对性地结合课堂的教学内容，设计多样化的问题。即便是简单的问题，也需要涉及多种类型。教师在进行教学问答的时候，需要注意不是单一问题，单一问答，而需要开展立体化的问答方式。

　　例如，教师原本在提问"What do you think of your college？"这一问题的时候，很多学生都只是简单地回答"It is great!"或者"It is beautiful!"或"I like it."等，学生回答之后，无法再进行延展，无话可说，只能结束教学问答。比如"Why do you think so？"学生不能再千篇一律地回答了，需要发散自己的思维，对问题展开深入思考后，得到更加深入的答案。如果课堂容量允许的话，英语教师也可以不仅仅止步于此，接着进行与内容相关的个性化提问。教师将身边的人、事、物与口语教学相结合。学生在进行回答之前，需要充分调动自己的已有知识，利用自己的语素材料，发散思维得到最终的答案。

　　教师需要针对教学内容设计多样化的问题。在对学生进行提问的时候，尽量少采用一般疑问句。采用特殊疑问句，可以引导学生进行更加开阔的思考。开放的问题没有标准答案，也正是因为如此，学生的思维不会受到限制，学生可以根据自己已有的知识进行更加开阔的思考。教师引导学生从不同的角度进行思考，培养学生转换思维的能力和更加灵活的思辨能力。

（四）演讲辩证法

　　演讲辩论教学活动开展的前提是学生有一定的英语口语基础，对于高职的学生而言，他们已经具备了一定的口语表达能力。因此，在高职院校开展演讲辩论、即兴演讲等活动是符合学生发展需要的。

　　教师需要组织一定的命题演讲活动、辩论活动、自由演讲活动等。教师可以提前定好相关的活动项目，提前发动学生利用课余时间充分搜索相应的资料。学生将自己搜集的大量资料进行筛选与分析，提炼出自己的主题观点并依据自己的观点，查找相应的论据，进行合理推理，得出最终结论。

在这个过程中，教师需要及时观察学生的准备进度，并不失时机地引导学生进行完整的谋篇布局，确保学生的思路正确、严密、清晰。教师如果想要在班级开展辩论活动，就需要引导学生针对对方可能提出的论点、论据进行预判，做好提前的辩论准备。

因此，在辩论、演讲活动中，学生的逻辑推理、分析综合、归类判断等多种思辨能力能够得到锻炼。除此之外，不管是演讲还是辩论活动都需要学生具备一定的语言表达能力，学生在进行语言表达的时候需要确保自己观点正确、逻辑严密、论据准确。长期坚持开展演讲辩论练习活动，学生一方面可以提高英语的口语表达能力，另一方面可以提高思辨能力。

第二节　英语听力教学与思辨能力培养

一、英语听力教学的意义

英语听力教学在整个英语教学之中都有着相当重要的意义。英语听力教学可以有效地巩固学生的语言知识，提升学生的语言运用能力，满足学生的国际交往需求，等等。

（一）内化并且巩固学生的语言知识

教师可以通过英语听力教学有效实现内化并且巩固学生的语言知识。学生的语言体系构建不是一蹴而就的。一套完整的语言体系的构建，需要学生听说读写能力的不断提升才能真正实现。

听力活动是一种相当复杂的语言信息处理过程，学生需要对语言信息理解之后内化处理，再进行知识的输出。学生经过语言的理解之后，提升了听力水平，也实现了知识的建构。

听力教学过程本质上就是学生理解并建构新知识的过程，教师需要抓住听力教学的时机，提升学生的听力技巧，为学生的语言技能的累积提供素材。

（二）提升学生的语言运用能力

听力教学是一种提升学生语言运用能力的有效途径。学生可以通过听力活动对语言的声音符号进行甄别，就语言学习内容进行思考。教师对语言信息进行重新组合之后，帮助学生更好地理解已经学过的语言知识，提升学生的语言学习效率，促进学生语言运用能力的进一步发展。

（三）为国际交往做准备

当今社会发展迅速，世界各个国家联系日趋紧密，国家之间的交往更加频繁，听力是口语交际的一部分。

在传统的英语教学中，人们对听力教学的重视度远不如读与写的教学。无论是对于教师还是学生而言，读写都是英语学习的重中之重，听力受重视程度较低。在英语能力的考查中，听力所占据的比重也相对较低。

听力是口语会谈交流中必不可少的语言技能。听力技能的高低会直接影响交流的效果。学生只有练好听力才能更好地参与社会交际活动，有效促进最终的交流与合作。

二、英语听力教学的内容

英语听力教学的内容是较为宏大的，但是本文主要叙述听力教学的四大内容：听力知识、听力技能、听力理解、语感。

（一）听力知识

听力知识主要包括以下四个方面内容：语音知识、语用知识、文化知识、听力策略。

1.语音知识

语音知识主要是针对输入听觉信息。对于听力理解的根基性知识而言，就是学生掌握一定的语音知识。学生只有掌握一定的语音知识，才能促进后续听力水平的提高。

2 语用知识

语用知识主要指的是与言谈相关的话题与材料。对于听力教学而言，一些与言谈相关的话题与材料也是必备的听力教学内容。在交际的会话过程中，会话含义是一种普遍存在的现象，对语用知识有效把握，需要掌握一定的语用知识。

3. 文化知识

众所周知，中西文化具有较大差异。在听力材料中，包含较为广泛而丰富的文化知识信息。学生想要对听力材料中的内容进行准确的理解与分析，需要掌握一定的文化常识，再进行听力实践。

4. 听力策略

即便已经进行了较多的语音知识、语用知识、文化知识的学习，学生在面对差别化的听力材料时，也难以保证百分百完成听力任务。学生需要具备一定的听力策略，根据实际情况，进行多种听力方式的选择，增强听力活动的灵活度。

（二）听力技能

听力技能相较于听力知识而言，是实践层面的能力。要想提升学生的听力教学效果，就需要针对学生的听力技能进行针对性的培养，常见的听力技能主要包括以下几个部分，如图 6-1 所示。

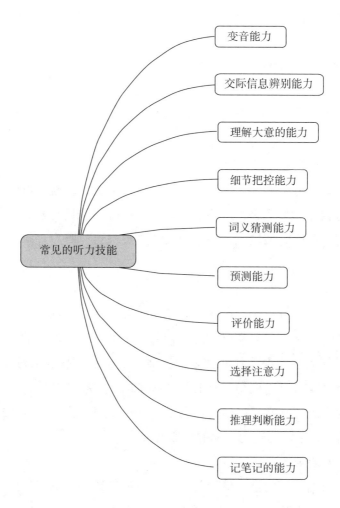

图 6-1 常见的听力技能

1. 辨音能力

学生需要掌握一定的辨音能力，需要对于听力材料中的重读音节、音位、语调等方面都进行一一辨别。

2. 交际信息辨别能力

大部分的听力材料都有一定的交际场景限定，也都有一定的交际性，大多数的交际性语言可以组成听力材料，学生掌握一定的交际信息辨别能力是十分必要的。

3. 理解大意的能力

听力理解，除了要求学生掌握细节信息、关键信息，更需要学生明确文章的主旨大意。学生只有掌握了文章的主旨大意，才能更好地理解细节。

4. 细节把控能力

学生将听力材料的主旨大意已经掌握清楚之后，就可以针对材料中的细节内容进一步了解，这些细节是听力理解的前提与基础。学生只有对细节进行严格的把控，以一种积极的心态去参与听力理解活动，才能真正把握听力材料。

5. 词义猜测能力

学生在进行听力实践过程中难免会遇到一些陌生词汇，陌生词汇的猜测可以帮助学生理解文章大意。如果学生被某个生词影响，难以理解整个句子的大意，毫无疑问会影响后面听力信息的接收与理解。因此，生词的猜测能力可以说是合格的听者必备的一项技能。学生可以根据上下文的含义进行判断与推断，借助已有的语境整体把握，或者搜寻已经具备的信息，猜测出这个生词的大致含义。

6. 预测能力

学生根据已有的预警信息与已经具备的知识，对下文的语言话题进行预测，这对于听力实践而言至关重要。在听力教学过程中，学生是否具备一定的预测能力，会严重影响学生的听力效果。

7. 评价能力

学生在听力过程中，也应该有评价听力材料的能力。学生需要对所听到的内容进行评价，并且进行较为准确的表达。

8. 选择注意力

学生在较为短暂的听力过程中，需要对信息进行甄别，需要针对不同的听力目标，将自己的注意力集中在不同的听力材料上。

9.推理判断能力

毫无疑问，听力材料不会将所有信息一股脑都交付给学生，听力是交际者在一定的交际目标下进行的活动。学生可以根据交际者表达出的语言信息，对这些信息进行深入理解，感受其中包含的信息。学生需要采用一定的推理判断手段，揣摩交际者的谈话意图，确保对交际者传递的意图有一个比较深入的了解。

10.记笔记的能力

听力活动不是一个简单的活动，往往面对长篇大段的听力材料，学生必须在较短的时间内，针对不能再次重复的听力材料，感受其中包含的话语信息，感受其中的交际信息。学生必须进行一定的推理判断，明确交际者的谈话意图。在必要时，如在一些正式场合，需要进行笔记速记，对整体信息进行有效的把握。

（三）听力理解

听力不是简单地重复与复述，是需要学生对语言背后的深层含义进行理解。在实际的教学活动中，教师需要将具体的听力知识、技能与策略通通教授给学生，最终实现学生听力理解能力的有效提升。听力理解主要包含以下五部分：辨认、转换、重组与再现、社会含义、评价与应用。

1.辨认

在听力活动中，辨认是听力活动进行的前提与基础。辨认主要分为三个部分，即语音辨认、信息辨认和意图辨认。

教师针对辨认能力培养时，需要采用乱序训练法。教师将一个完整的听力材料打乱顺序，要求学生重新排序，并且将每一部分对应的辨认部分进行准确指认。

2.转换

听力材料往往是以交际者对话的形式呈现，或者是以整篇文章材料的形式呈现，但是学生需要对这些听力材料进行理解与转换，将所听的听力材料转换成图表。学生需要辨别听力材料的短句与句型，对已知信息进行转化，这是对学生能力更高层次的要求。

3. 重组与再现

学生在接收听力材料之后，不能将听力材料直接一一输出，而是需要对原生材料进行重组，将听力材料更新后进行再现。

4. 社会含义

学生进行听力理解的时候，需要明确一个概念：中英文语言含义差别较大，并且存在一定的社会含义差异。听力活动属于交际活动的一部分，学生需要对听力材料中蕴含的基本社会含义进行较为准确的理解，才能有效促进听力活动的有效输出。

教师在开展社会含义教学的过程中，需要关注学生是否能根据不同的语境进行准确描述。教师必须训练学生在多样化的语境中，理解语言背后的深层含义，并且进行较为准确的描述。

5. 评价与应用

针对听力材料进行客观评价，以及应用听力材料中的有效材料，是听力活动中难度最大的内容，也是听力理解的最后环节。

听力理解往往具备一定目的性和交际性，学生必须在聆听过程中，把握好交际者的交际意图，并且针对性地开展语言回应和语言沟通。

教师需要在听力过程中，根据学生现有的听力理解层次进行听力行为的应对，在教学过程中增加一定的听力讨论与情景交际的练习，提高学生的评价与应用能力。

（四）语感

语感，就是听者对于语言的感悟能力，这种感悟能力往往具有一定的直接性。语感的提高需要不断的锻炼。

良好的语感可以帮助学生在缺乏一定语言条件的前提下，凭借良好的语感进行语言的预测与判断。

三、英语听力教学中思辨能力的培养

（一）听力教学的原则

1. 情景性原则

学生需要与周围环境进行有效互动，以促进语言的学习。学生在一个相对自然而舒适的环境中，与环境中的某些元素进行互动，获得较为真实的语言体验。

部分教师认为自己竭尽全力鼓励学生参与课堂教学却未取得较好的成效。分析问题的原因不难发现，这部分教师忽视了课堂教学教师并非主体，学生才是教学活动的主体。良好的课堂氛围是需要教师与学生双方共同塑造的。在良好的教学情况下，师生双方的需求都可以得到充分满足，使师生都获得良好的精神与情感的体验。

学生在这样自然且舒适的环境中，可以获得一种与学习母语接近的语言习得环境。

2. 渐进性原则

学生学习语言，并不是一个可以一蹴而就的过程，相反，教学活动是一个循序渐进的过程，冒进式教学或者忽视学生当前发展阶段的英语教学，很难起到很好的教学效果。

听力教学需要教师按照从慢到快、从易到难、从简到繁的过程。例如，教师全英组织课堂教学，讲解英语课文，鼓励学生大胆讲述课文内容，上课过程既完成了听力的练习，又完成了口语的锻炼。教师从一开始较为口语化的表达，到后面较为专业的表达，也是考虑到学生能力的不断提升。

3. 综合性原则

教师需要在开展英语听力教学之前为学生明确教学目标。教学目标的设定不应该是单一的。教师需要为学生树立多维度的教学目标，学生可以针对不同的听力目标针对性地选择相应的听力技巧。

听力教学应该注重听、说、读、写四项技能的全面发展，建立四种技能之间的联系，避免由于单一的听力练习造成课堂的沉闷氛围。教师将输入技能训练与输出技能训练有机结合，提高学生的综合水平。

教师开展听力教学活动可以采取听说结合的手段，开展综合性的听力训练。丰富学生的听力活动，活跃课堂的氛围，培养学生主动参与自主学习的意识，在一定程度上降低了学生的心理负担，使学生可以在一种相对较为轻松的环境中提升英语水平。

4.适应性原则

听力教学应该始终关注英语教学的终极目的，也就是提升学习者的英语使用能力。听力教学需要根据最终发展目标，以及学生的发展阶段与发展特点选择难度适当的英语听力材料。

教师需要遵循最近发展区原则，在选择英语听力材料的时候，不能选择难度过低的听力材料，也不能选择难度过高的听力材料。难度过低，对于学生而言毫无挑战，难度过高则会导致学生产生畏难的心理。教师选择英语听力材料的时候需要关注以下几个方面的内容。

（1）听力材料中人物关系复杂度。听力材料中涉及的人物关系如果过于复杂，必然会影响学生对于英语听力材料的理解。学生需要掌握人物之间的关系，教师应提升听力过程的针对性，避免分散学生的注意力，以利于学生理解关键信息。

（2）听力材料的内容是否贴近生活。听力材料的内容选择需要格外审慎，材料的选择与需要与学生的实践生活与知识水平相匹配。对于学生而言，超出理解范畴的听力材料会影响学生听力活动的正常开展。学生根据自己已有的生活实践经验、文化背景，对英语听力材料进行理解。

（3）语篇信息。听力的语篇信息主要涉及两个方面，一个是语篇的结构，另一个则是预判的内容。

关于语篇的结构，主要是语篇的结果是否被学生所熟悉。比如，听力材料的语篇顺序是学生所熟悉的顺序，如时间顺序、空间顺序、逻辑顺序，学生会因为较为熟悉，而表现良好。相反，如果语篇顺序是学生不熟悉的顺序，学生则会因为没有形成相应的习惯，产生紧张或者焦虑情绪，最终影响其正常发挥。

关于语篇的内容，主要是语篇的内容是否被学生所熟悉。对于学生而言，如果语篇涉及的话题是自己熟悉的，那么就会表现得更好。相反，如果话题较为陌生，学生则会更容易表现得比较差。学生可能会因为较为紧张，或者不熟悉，错过语篇中的重要信息，难以提取重要的信息要素。

（4）语言方面的因素。无论是时间变量、语音、词汇还是句法都是影响语言的重要因素。以时间变量为例，时间变量包含语速、停顿和迟疑三个要素。

如果在听力过程中，听力材料语速过快或者过慢，都会对学生理解材料产生影响。同样，语言的停顿与语气的迟疑也会影响学生的阅读效果，学生会因为来不及反应而产生心理负担。句子总是断断续续的，会让人有一种不真实的感觉，干扰人正常理解语段的含义，学生会因此产生厌倦心理。

5.分析与综合相结合原则

听力教学就是要实现分析地听和综合地听两部分。

（1）分析地听就是要在听力的过程中将听力材料进行分解，学生需要分内容听、分步骤听。将听力材料进行分段，可以按照词语、词组、句子、句组、段落、文章的顺序，一点点分析，一点点感受，将听力材料中的关键信息，诸如时间、地点、人物等内容进行记录。

（2）综合地听就是将听力材料视为一个整体，不再进行拆分，直接按照一整个文章进行整体地听、整体地理解，找到材料的中心大意。教师在进行综合地听的练习时，教师可以将听力材料难度适当降低，按照顺序性原则，从易到难，逐步提升学生综合的听地能力。

听力教学需要分析与综合相结合，二者缺一不可。分析主要关注听的细节，综合则关系深层次的含义，分析是综合的基础。在听力练习时，教师将细节处理与文章大意的练习相结合，将分析与综合相结合，最后可以达到较好的教学效果。

（二）英语听力教学中思辨能力的培养策略

听力教学是英语教学中的难点所在，但是学生在参看听力原文的时候，经常会发现，现有的原文中并没有出现生僻词，但是最后听力的效果依然不尽如人意。

造成这一问题的主要原因是，部分学生缺乏思辨能力，没有将语音与对应词进行一一对应。甚至有部分学生没有建立语音与对应词型的联系，语音与单词之间有一层壁垒，学生缺乏从语音到对应词的条件反射。

这些问题的出现都意味着学生缺乏基本的思辨能力，这些学生不具备归类、识别、区分等分析能力，培养学生的思辨能力需要采用互动教学法、预测推断法、多媒体教学法。

1. 互动教学法

所谓互动教学法，就是教师在开展听力教学的时候，引导学生与所听材料进行必要的互动，开展教学活动。互动教学法往往是以一种模拟教学的方式进行的，一方面，可以提升学生的思维能力、培养学生的思辨能力，另一方面，也可以有效地提升学生的听力水平。

学生可以采取两人互动或者多人互动的方式进行沟通，根据其他听话人的反馈，及时调整说话的内容，让听话人明确交谈的信息。这种方式一方面可以有效锻炼学生的口语能力，另一方面可以锻炼了学生对相互互动的能力。

教师可以在听录音的时候采用互动教学法。教师需要在互动的过程中，充当中介与交流的桥梁，将听力材料分成多个小部分。教师可以在一小节录音结束之后，邀请学生进行互动交流，了解并且掌握材料的内容。

2. 预测推断教学法

预测与推断本身就属于思辨能力培养的一部分，主要包含以下两个层次内容。

（1）预测。在听力过程中，学生需要对尚未出现的词语进行预测。

学生在已经掌握了绝大多数的功能性词语、短语规则和一定的语法规则之后，根据已经出现的词语预测下一个词。举例说明，如果已经出现了"a"后面大概率会出现一个可数名词单数，像这样的词语规律还有很多。当出现some或者是no等词语的时候，也可以确定其是名词短语中的一个要素。即便是在听力的过程中，有一个要素没有听清楚，也是有可能预知到漏听的词。

根据上下文的内容，可以大致预测词语的含义。如果学生可以听到介词，如in，on或者是at，都可以轻易地预测出，这是介词短语中的一部分，并断定漏听的词语。

（2）推断。学生在掌握了一定的句法知识和短语固定搭配知识后，可以根据推断判断出漏听的部分。学生即便没有将一个词语听完整，但是学生听清楚了后缀，就可以凭借已知的词语后缀，判断出漏听的部分，大致推断出词义。

例如，当学生们听到"so we(-ed)it but they were(ing) at the stop."这个语言片段时，他们能够很轻松地推断出漏听的词属于动词。再如，当学生们听到"the(ation) is completed and your(ness) wont be forgotten."这个语言片段时，同样能推断出漏听的词属于名词。

3.多媒体教学法

多媒体现在已经成为高职院校中教师们应用广泛的一种教学设备了。多媒体教学设备可以将语言内容用视听设备进行展现，不仅调动了学生的视觉，还调动了学生的听觉，可以起到更好的教学效果。

多媒体教学法是教师为学生创造出一种更加真实的外语环境，在教师营造的教学环境中，学生可以自主学习、主动学习，开拓自己的思维。教师应用多媒体教学主要采用以下两种形式。

（1）仿真对话教学。仿真对话教学指的是由专门的专家学者进行英语听力对话训练，教师有针对性地提问，为学生留有思考空间，增强学生在听力仿真对话训练中的直观感受，完成对话练习，提升最终的听力效果。

（2）为听力练习提供平台。多媒体教学的优势就是可以将海量教学资源提供给学生，学生登录平台后，进行听力练习。多媒体资源更加多元、及时，学生可以在听力练习的同时，丰富知识、开拓思维。

第三节　英语阅读教学与思辨能力培养

一、英语阅读教学的意义

（一）增加词汇量

词汇是语言的基本组成部分，有一定的词汇量储备，才能够进行阅读。

英语学习者在英语学习过程中，需要掌握单词的多重含义与多种用法。在阅读过程中记忆单词能达到事半功倍的效果。学生在阅读过程中，利用具体的语境，可以实现对单词的记忆，以及对单词词义的辨析、固定搭配的掌握。

学生长期进行阅读活动，可以随着多次练习，不断深化对单词的印象。

（二）有助于英语能力的提升

英语阅读教学可以提升听、说、写、译技能。

1.阅读对于听技能的作用

"听"是用耳朵获取信息的过程，"读"是用眼睛获取信息的过程。阅读与听力都需要语感的参与，因此，阅读对于"听"的技能也能起到促进作用。

2.阅读对于说技能的作用

"说"本身是一种通过语音语调的变化来表达信息的活动，是一种有效输出信息的方式。阅读教学中可以采用适当的朗读开展阅读活动，使学生养成一种良好的语音语调习惯，提升说的能力。

3.阅读对于写技能的作用

阅读是一种文字的输入，写作是一种内容的输出，这两种能力相辅相成、相互促进。阅读的过程本身就是写作的一部分，阅读能力的提升必然会带来写作能力的提升。

4.阅读对于翻译技能的作用

翻译主要是两种语言之间的转换，将两种语言之间的表达方式、文化背景等方面的差异充分掌握是完成翻译的重要前提。阅读是翻译活动的语言和文化基础，可以保障翻译的准确性。

（三）培养语感

语言没有固定的标准、硬性规定，它常常根据具体的语境发生变化。英语教学的效果往往由学生语感的强弱来决定。

语感就是对语言的表达方式进行快速理解与判断的能力。要在短时间内判断出语言表达是否流利、是否准确，需要语感的参与。

语感的获得需要大量、长期的语言接触并且进行较为长久的思维训练。其中，阅读可以让读者感受到规范的语言表达方式，以及修辞方法的实际效果，还可以让读者在不知不觉中体会表达方式中的感情色彩。

通过阅读提升学生的语感是一种比较好的方式，学生不会感受到过多的压力。因此，采用这种方式可以有效调动学生的阅读积极性，为持久的英语学习奠定基础。

二、英语阅读教学的目标

1.主要目标

能够阅读并且理解较为容易、题材较为熟悉的外语报纸文章和其他外语材料；借助专业资料字典能够阅读生活中常见的应用文和简单的专业资料，并且可以掌握主旨大意，了解主题和相关细节；能够自主根据不同的阅读目的和阅读材料的难度，适当调整阅读速度和阅读方法。

2.完善目标

能阅读与所学专业相关的综述性文献，或与未来工作相关的产品说明书、机器操作手册等材料；阅读文章时能快速理解中心大意、提取关键信息、划分文章的篇章结构、挖掘文章隐含意义等；能较好地运用快速阅读技巧阅读篇幅较长、难度中等的材料；能较好地运用常用的阅读策略。

3. 发展目标

能读懂有一定难度的文章，理解主旨大意及细节；能够阅读外文报刊发表的文章，以及外文文献和材料，更好地理解逻辑结构和隐含意义；能够全面分析各种阅读材料的内容，形成自己的理解；能够正确运用一定的阅读技巧。

三、英语阅读教学的内容

英语阅读无论采用何种教学方式，教学内容都应以教学目标为出发点。

英语阅读教学的目的是培养学生的阅读能力，使学生能够通过阅读英语材料获得必要的信息。为此，英语阅读教学应包括以下内容。

（1）教师引导学生辨认语言符号，当阅读材料中涉及陌生词语，教师应当教授学生一些技巧，帮助学生猜测陌生词语的意思和用法。

（2）英语阅读和中文阅读类似，文本之下往往包含隐藏之意，教师应帮助学生理解文章材料中涉及的相关概念及文章中隐含的意义。

（3）教师帮助学生理解句子言语的交际意义，带领学生共同梳理句子之间的关系，通过找到文章衔接词，理解文章各部分之间的意义关系。

（4）明确语篇中的指示词语所代表的内容，确定文章语篇的主要观点和主要信息。

（5）教师教授学生试着从细节中理解文章的主题。

（6）教师引导学生尝试总结文章的主要信息。

（7）教师培养学生基本的推理技巧。

（8）教师培养学生跳读、览读的技巧。

四、英语阅读教学中思辨能力的培养

英语阅读对于大部分的学生而言都是难度较大的。学生在进行阅读活动的时候，阅读效率较低、费时低效的情况时有发生。

造成这一问题的原因是多方面的，常见的主要有以下三种：学生接受的阅读材料不适合、学生缺乏阅读的兴趣、学生缺乏一定的文化背景。针对英语阅读教学进行思辨能力培养，需要因材施教、利用互联网辅助教学、采取多样化的导入方式，最终实现学生思辨能力的提升。

（一）因材施教

现代高中英语教学主要采用班级授课制这一组织教学形式。教师面对几十个学生，不能开展一对一教学。但是教师需要明确的是，不同的学生因为其不同的生活经历、不同的性格特点和语言水平，需要开展差异化的英语教学。

教师可以根据学生的层次差异，适当选择出一定的教学方法，满足不同层次和目标的学生的需要，帮助不同层次的学生获得阅读技能的提高以及思维能力的提升。

1. 对于阅读能力水平需扎实的学生

教师应选择较容易理解的阅读材料（如简单易懂的故事等）并提出相对简单的问题。当学生正确回答问题时，将获得成功的喜悦，并找到学习的信心和乐趣，以更大的热情投入阅读中。

2. 对于阅读能力需进阶的学生

教师可以选择具有挑战性的阅读材料（如世界名著、有难度的期刊等）同时分配一些具有挑战性的任务。这样，学生可以挑战新高度，挑战自我，同时拓宽学习的视野，增加外语与文化知识，提升自我。

（二）互联网辅助教学

互联网辅助教学是一个可以有效提升学生阅读兴趣和思辨能力的途径，教师可以从以下几个方面开展教学活动。

1.发挥互联网的优势，激发学生的阅读兴趣

互联网为学生开展阅读教学提供了一个较为广泛的互动平台。互联网为教师提供了更多的空间，教师可以在互联网上寻找到适合的阅读资料，为学生补充课外知识提供更多的资源。

上文中已经提及，学生在有兴趣的驱使下，能更好地完成阅读任务。因此，教师需要对学生的教学活动进行必要的增添。例如，教师可以为教学材料增添一定的图画或者视频等内容，还可以将原有的阅读材料进行重新排版，或者更改字体。这样，学生的注意力便能够被吸引，也就能够达到更好的教学效果。

2.选择科学的阅读材料

互联网上的阅读材料众多，教师需要率先进行甄选，将其中具有价值的部分挑出来作为课上阅读材料。

教师将互联网中的阅读材料进行筛选之后，选择与课堂贴近的教学内容，学生需要提前进行资料的筛选，获得相关的信息准备。学生根据需要进行资料搜索、信息甄别、相关信息介绍的过程，就是学生思维能力提升的过程。

教师需要将网上可以找到的资料进行仔细浏览，选取其中重要的资料介绍给学生。学生可以针对相关资料进行学习，然后以小组的形式进行交流和汇报。教师需要针对学生的报告进行反思与评价。

3.开展课后的拓展阅读

仅仅依靠课上的阅读，阅读能力的提升是十分有限的，更何况，阅读能力的提升需要大量的阅读材料的输入，只依靠课上完成任务，基本上是不太现实的。

教师需要引导学生利用互联网资源。教师将需要的资源全部传送到线上资源库并布置课后的拓展阅读任务。教师可以根据教学需要，开展相应的教学活动，引导学生针对自身感兴趣的话题完成阅读任务，提升阅读能力，同时提升学生的思维能力。

（三）多样化导入

导入活动对于英语教学活动而言是一项非常重要的教学流程。英语教学作为第二语言的学习，往往不具备真实的语言环境。英语课想要完成语言的转换，就需要教师进行导入活动。教师需要将教学需要的文化背景、教学相关内容、上节课的教学内容等内容，有选择地在导入环节进行必要的输出。教师进行教学导入环节时，必须进行多样化导入。多样化导入包括三个方面：导入内容的多样化、导入形式的多样化以及运用多种方法导入文化。

1. 导入内容的多样化

导入内容的多样化要求教师做到以下两点：

（1）所选材料应经常变换体裁，而不能局限于一种体裁。这样才能满足学生的多样化需求，使学生熟悉各种体裁的行文特点，从而提高阅读理解的准确性。

（2）所选材料不能局限于一类主题，而应经常变换题材。这样才能增加学生的文化知识，以提高学生的阅读理解水平。

2. 导入形式的多样化

导入形式多种多样，主要有以下两个方向。

（1）根据实际情况，运用比较、融入、体验等多种方法导入相关文化知识。

（2）通过图片、视频、音频等材料来对某一个文化现象进行解释和说明，从而让学生从真实的文化环境中了解与掌握语言所承载的文化内涵，体验外语国家的文化。

值得注意的是，教师作为教学活动的领导者和组织者，发挥着文化传承的作用。因此，教师在进行文化呈现的过程中，不仅要注意上述方面，也应不断加强自己的文化素养，将相关的文化知识和内容融入阅读教学过程中，传授语言的深层文化内涵。

3. 运用多种方法导入文化

（1）教师介绍。教师介绍是学生相关外国文化知识的重要来源，因此，在英语教学中，教师应该充分发挥自己的作用，通过介绍和解释来引入外国文化知识。在阅读教学中，教师可以结合教材组织一些专题，让学生熟悉其他国家的文化知识。例如，教师可以针对性地安排节日主题、饮食主题、家庭和电影主题等。结合这些主题，教师可以介绍和解释其他国家的文化知识，使学生能够更系统地了解其他国家的文化知识。

（2）课外阅读。英语教学不应局限于课堂教学。课堂教学时间有限，教师应引导学生充分利用课外阅读时间，更多地接触外国文化知识。教师可以向学生推荐一些关于外国文化知识的书籍，包括知名的小说、杂志、报纸等。教师不断鼓励学生通过增加阅读量，不断增加和积累关于外国的文化知识。

4. 循序渐进

由于学生的语言水平参差不齐，在阅读教学的基础阶段，教师在选择导入内容时不必选择那些难以理解的文化知识。教师引入的相关文化知识和内容可以逐渐由浅变深，由简单变复杂，循序渐进。

此外，在介绍外语国家的文化知识时，教师应尽量选择与学生生活密切相关的内容，或者想办法将介绍的内容与学生的生活联系起来，更好地激发学生学习外语的兴趣和热情。

5. 关联性

所谓关联性，是指将文化知识引入阅读教育中，使之与材料的主题、文章的作者、作者的背景等关联。因为这些信息往往会影响文章的写作，进而影响学生对文章的理解。因此，教师在阅读教学中引入文化知识时，应给予足够的重视，以帮助学生更准确、更深入地理解材料。

需要注意的是，虽然关联性原则要求教师在阅读教学中融入背景知识，但必须是在不影响教材本身教学的前提下。文化的导入应该按适当的比例进行，而不是占据主导地位。在此前提下，教师还应进一步保证所导入的文化背景知识的基础性、相关性和必要性。

第四节　英语写作教学与思辨能力培养

一、英语写作教学的意义

（一）有助于学生口语和阅读能力的发展

在英语写作的过程中，教师引导学生进行默写、抄写等练习活动，不断提高写作的速度，加上造句、作文练习，这些也都有利于学生口语能力的提升。

在英语写作中，教师教授学生如何进行遣词造句是关键问题。写作的时候，行文的逻辑需要更加严谨，学生需要对词句、段落或者是篇章都进行不断的修改与调整。

学生进行写作练习之后必然会对文章的架构掌握得更为清晰，对主题认知有一个更为准确的理解，最终有助于阅读能力的提升。

（二）提高学生的学习能力

学生的学习能力体现在方方面面，其中学习英语的能力便是其中一种。教师开展写作教学，不仅仅提升了学生的英语写作能力，对于学生的汉语写作能力也有一个较为明显的提升效果。

学生想要掌握更多的英语基础知识，需要储备大量的单词、句型。同时，学生在掌握了一定的课堂知识之后，还需要扩充更多的课外知识。

写作过程中往往伴随着读和写两项活动，这对于学生而言印象更为深刻。教师重视学生写作能力的培养，学生写得好、写得快，有利于提升学习效率。

（三）激发学生的学习兴趣

写作是一种获得美的过程，学生在写作的过程中，不仅可以创造优美的文字，还可以获得美的感受。

英语写作教学必须消除学生对于写作的畏难心理。学生需要培养写作的兴趣，感受写作的乐趣。教师应用写作教学这个形式，激发学生对于文字的喜爱、对于文字的兴趣，引导学生感受学习英语的乐趣，激发学生对学习的兴趣。

二、英语写作教学的内容

英语写作教学的内容主要分成结构教学和过程教学这两个部分。

（一）结构教学

一篇好的文章必须具备清晰完整的结构，文章结构的搭建直接影响到文章的质量和观感。

在文章写作结构的教学中，要培养学生谋篇布局的能力。在写作之前要谋篇布局，再根据文章内容选择适当的扩展模式，一般来说，文章的结构应该是引段—支撑段—结论段，段落的结构则应该是主题句—扩展句—结论句。但根据文章类型的不同，文章的结构也有所不同，在教学中需要对学生的谋篇布局能力进行全面的培养。

文章的写作还需要完整统一，文章中的所有内容，包括事实、观点、例子等都需要围绕文章的中心思想展开。与此同时，还需要确保文章各个部分的完整性，教学时可采用专项训练的方式，有针对性地训练学生的写作能力。

英语写作中，在文章结构清晰完整和文章内容完整统一的基础上，还需要保证句子的和谐连贯，句子的排布必须具有逻辑性，句子之间要通过连接词组有机地结合在一起，内容环环相扣、流畅展开。在教学实践中，教师可以针对过渡语对学生开展专项训练。常见的过渡语如下所示：

（1）表示起始的过渡语

first of all, to begin with, in my opinion, according to, so far, as far as 等。

（2）表示时间顺序的过渡语

first, at first, then, later, in the end, finally, afterwards, after that, since then, for the first time, at last, as soon as, the next moment, meanwhile, later on, soon, finally 等。

（3）表示空间的过渡语

on the right/left, to the right/left of, on one side of…on the other side of…, at the foot/top/end of, in the middle/centre of, next to, far from, in front of 等。

（4）表示因果的过渡语

for, because of, one reason is that…another reason is that…, thus, so, as a result(of）等。

（5）表示转折的过渡语

but, yet, however, although, nevertheless, in fact, unlike, otherwise, instead of, on the contrary, while, in spite of, after all 等。

（6）表示列举的过渡语

for example, such as, that is, like, as follows, in other words, and so on 等。

（7）表示推进的过渡语

what's more, on one hand…on the other hand…, in addition to, as well, still, also, in other words, not only…but also…, besides, furthermore, moreover 等。

（8）表示总结的过渡语

in short, in a word, in general, in brief, in all, on the whole 等。

（二）过程教学

过程教学法兴起于美国，它将教学的重点放在写作的过程上，通过对写作过程中各个环节的把控，达到提升学生写作质量的目的。一般来说，过程教学法主要包括以下教学环节。

1.写前阶段

写前阶段的教学注重培养学生的审题能力、构思能力和谋篇布局能力，包括打腹稿、确定主题、理清逻辑、列出提纲等环节。教师的任务，首先，启发学生审题，根据题目和要求展开思考、组织内容。其次，教师需要帮助学生确定具体段落的主题与排布，列出提纲。最后，教师引导学生确定每段的主干内容，准备写作。

2. 初稿写作与修改阶段

这一阶段的教学分为两个部分。在初稿写作阶段，教师应指导和鼓励学生大胆进行初稿写作，尽量使用新学会的词汇与句型，不能畏首畏尾不敢下笔。这一阶段的教学主要是让学生想写、敢写、能写，根据主题进行发挥，不断丰富文章内容，形成初稿。

修改阶段则是针对学生的初稿进行评价和修改，采取的主要方式有两种。一是学生互评，即在教师指导下，让学生在文章互评的过程中发现潜在的写作问题。二是教师点评或范文教学，受限于课时与课堂规模，教师无法针对每一个同学的写作问题进行详细的指导，因此，可以采用抽样点评的方式，发现并讲解学生写作中存在的共性或个性问题。教师也可以通过展示和讲解范文，引导学生分析范文的结构、主题表达、写作逻辑、句型运用以及段落衔接等方面，并从中领悟到写作技巧。

3. 重写与评阅阶段

重写即撰写第二稿，学生根据初稿的评阅意见以及其中出现的问题，对初稿进行再加工，形成二稿。

这一阶段的评阅主要由教师来完成，教师对于学生的二稿进行检查和批改，包括词汇、语法、句型等，让学生发现自己写作的不足之处，充分了解自己在写作过程中存在的问题，并激发学生的写作兴趣。

三、英语写作教学中思辨能力的培养

英语的写作教学，对学生的基础能力要求较高，学生需要遵循一定的步骤，按照一定的写作要领，完成文章的写作。教师要想针对学生的写作进行指导，需要了解写作的基本步骤与要领，有针对性地提升学生的写作水平，以及学生的思辨能力。学生的写作不是背诵默写，学生需要根据写作的主题，发挥自己的主观能动性对文章进行针对性的论述，确保最终的文章言之有理、条理分明。因此，学生写作水平的高低与语言基本元素的累积、写作技巧的掌握有关系。同时，学生需要具备一定的思辨能力，以确保写作的内容言之有理。

（一）互联网辅助写作教学

英语教学中，适当应用互联网作为教学的辅助工具，有利于激发学生的写作欲望。学生可以根据写作的模块，将自己的写作语言逐渐规范，并在教师引导下，完成自我思辨与自我审视的能力。

1.应用计算机文字处理程序

学生在进行文章的写作过程中，难以避免地会出现单词拼写错误、写作格式错误、标点应用错误等问题。教师难以针对学生的每一个问题进行一对一的讲解，但是计算机中的文字处理程序却能够很好地解决这一问题。

学生可以在计算机的文字编辑器中完成写作任务。教师可以应用英语作文的批改网站，或者是英语作文的批改程序，针对学生写作出现的错误及时指正。计算机文字处理程序使教师的批改工作更加高效，教师甚至可以根据软件统计的结果，对学生的共性问题在课堂上进行统一讲解。

教师应用互联网进行教学可以起到一定辅助教学的作用。学生可以将更多的精力倾注于写作本身，教师也可以将更多时间与精力，用于学生的写作技巧与思辨能力的提升上。

2.利用社交软件进行相互交流

写作相较于其他的教学活动而言，需要更多的思维内容的输出。当然，学生想要将自己的观点准确输入，肯定需要一定的内容输入与累积。

教师可以引导学生运用社交软件进行日常生活的分享与交流。教师可以根据一定的话题，在社交软件上引导学生进行较为热烈的讨论，激发出学生的写作热情。学生之间进行交流之后，可以提升写作水平。

3.引导学生利用互联网辅助完成写作

互联网是一种帮助学生自我成长与自我发展的有效工具。无论是学生还是教师都应该学会将互联网作为一种有效的工具。互联网为学生与教师提供了更多的资源，学生可以将教师提出的写作主题作为检索对象。

学生在互联网上进行搜索之后，对于相关的主题便有了更为深刻的了解，可以更好地完成写作任务。

（二）读写结合法

读写结合法是一种提高语言学习能力的方法，它强调在阅读和写作过程中相互补充、相互促进。之所以选择这种教学法，主要是教师可以引导学生通过阅读提高自己的语言理解能力，同时通过写作锻炼自己的表达能力。在这个过程中，提升了学生的思辨能力，并达到写作教学的最佳效果。

读写结合法不仅可以提高学生的语言学习能力，还有助于提升学生的思辨能力。思辨能力是指对问题进行深入分析、评估和判断的能力，是一种重要的批判性思维技能。

广泛阅读可以让学生接触到各种不同的观点和见解，这有助于拓展思维，增加对问题的多元化理解。这样，在进行写作时，学生可以从不同视角进行对比和分析，形成自己独立的见解和观点。在阅读过程中，教师也要起到引导的作用，需要提醒学生注意理解文章的逻辑结构和论据支持。教师通过阅读教学，引导学生将阅读作为突破点，将阅读作为自我累积的过程，从而提高自己在写作时对论点和论据的运用能力，使自己的观点更有说服力。

学生在阅读和写作过程中，即便将阅读的材料作为自己写作的源泉，但不意味着全盘接受自己阅读的材料。教师引导学生保持批判性思维，敢于对所接触到的观点和信息进行评估和质疑。这样，在写作时，学生可以避免盲目地接受他人观点，从而培养独立思考和判断的能力。

在写作过程中，学生需要时刻对自己的观点和论据进行反思，看是否有漏洞和不足。反思过程，或者说是回看过程是十分有必要的，通过这个过程，学生可以不断完善自己的观点，促使自己的论述更加严密和有说服力。

完成写作之后，学生可以将自己的作品与他人分享，邀请他人提供反馈意见。通过与他人的交流和讨论，学生可以发现自己的盲点，从而提高自己的思辨能力和论证水平。

总之，读写结合法可以帮助学生提高思辨能力。在阅读和写作过程中，学生保持批判性思维、积极反思和交流，有助于提升对问题的分析和判断能力。

第七章　英语文化教学与思辨能力培养

第一节　英语文化教学的目标

随着英语教学理念的变革，越来越多的教育专家和教师认识到语言学习不仅仅是掌握语言知识和技能的过程，更是认识和理解另一种文化的过程。因此，英语教学改革要求在教学中加入文化教学，以培养学生的文化意识和跨文化交际能力。

纵观世界发展趋势不难发现，21世纪，社会对人才的需求不再局限于技能和知识，而是更看重个人的综合素质，包括跨文化理解力和交际能力。随着全球化的发展，国际交流变得越来越频繁。开展英语文化教学可以帮助学生了解不同文化背景下的交际习惯和行为规范，从而提高学生的跨文化交际能力，培养具备这些能力的综合素质人才。

语言和文化是密不可分的，学习一门语言就意味着接触与之相关的文化。英语文化教学有助于学生更好地理解英语中的文化信息，从而更准确地理解和使用英语。除此之外，将文化教学融入英语教学，使教学内容更加丰富多样，有助于激发学生的学习兴趣和积极性。根据学者已有的认知，将其进行总结，便可以得到英语教学中的文化教学目标。

拉多（Lado）认为文化教学中存在不同的目的。一方面，文化教学可以被视为整体教育中的一部分；另一方面，文化教学可以为阅读文学作品服务，也可以为国际交流服务。由此可知，拉多认为文化教学是提升学生整体素质的一种有效途径。

诺斯特兰（Nostrand）等学者建立的理论框架，强调文化教学是一种帮助学生从学习文化事实到分析、比较、综合不同文化的过程。诺斯特兰构建的理论框架，是指经过文化教学、具备一定文化能力的学生必须具备如下六点特征，见表7-1。

表7-1 具备文化能力的学生的特征

第一点	在社交场合应对得体
第二点	描述并归纳社会中的文化行为
第三点	辨认并分析文化出行方式
第四点	交际双方的观念意识形态将直接或间接影响交际行为
第五点	预测文化行为的发展方向
第六点	描述或展示被目的语文化接受所需的重要态度

诺斯特兰的观点在一段时间内成为学术界主流观点，直到西利（Seelye）就诺斯特兰的观点做出相应补充，他认为文化教学中存在的"超目标"，需要培养出学生的文化理解能力、文化的态度和使用文化的技巧。一旦学生出现文化障碍时，在目的与社会中仍能得体地表达语言，阐述自己的观点。西利提出了提升学生文化交际能力这一教学目标。

托马林（Tomalin）和斯特姆斯基（Stempleski）在西利的大教学目标基础上加以补充，他们认为目的语文化的学习是外语教学中不可分割的一部分。但是他们同样认为：即便文化之间存在差异性，但其中仍存在一定的共同之处。因此他们补充之后，更改了文化教学目标的内涵，见表7-2。

表7-2 文化教学目标

第一点	教师引导学生意识到个体的行为受到文化的影响
第二点	教师引导学生认识到年龄、社会阶层、环境等因素皆会影响到人在交际时所使用的语言和所采取的行动
第三点	教师主动引导学生关注目的语文化的常规行为

续　表

第四点	教师引导学生逐步理解和了解目的语中的词语背后所蕴含的文化内涵
第五点	教师不断提升学生应用目的语及评价目的语文化的能力
第六点	教师教导学生查找获取并整理相关目的语文化信息的方式与技巧
第七点	教师应当激发学生的目的语文化的求知欲望，并鼓励学生对该文化产生共鸣

马林和斯特姆斯基在前人研究基础上提出了自己对于文化教学目标的界定，并针对教师教授课程这一难题提出了如下理论：外语教师应采用更加生动有趣的教学材料，调动学习者的积极性，激发学习者学习的兴趣。

莫兰（Patrick M Moran）关注文化教学中语言学习者的语言基础和语言教学的发展与变化。莫兰认为学生只有具备一定程度的语言水平，才能认识并理解体会目的语国家的文化。因此学习者具备一定的语言基础是开展文化教学的前提与必要准备。

鲍一红曾表示外语教学不仅仅是一种工具性语言的学习，还是为了学会生存和发展交际技能。外语教学的目的是对学生社会文化能力的总体提升。因此，外语教学的目的可以大致分为宏观、中观和微观三个层面。在宏观层面，外语教学的目的是培养社会文化能力，即引导学生应用已有的知识与技能有效加工社会文化信息，促进个人潜能完整发展。具体表现为语言能力、语用能力和扬弃贯通能力的统一和发展。微观和中观层面则是强调外语教学的目的是交际能力的培养。人格的培养不是来源于空洞、无趣的道德说教，而是通过教学的内容、教学活动来引导和发展。

英语教学中的文化教学部分，一方面培养学生健全人格，培养学生树立正确的价值观，另一方面培养学生在交际过程中理解和运用文化知识。国内学者陈生强调培养学生文化创造力是文化教学的最终目的。文化创造力是在本国文化基础上，了解和掌握英国语言文化知识，并且主动将本国文化与外国文化相融合，从而产生的一种创新的能力。这是一种学生能动发展的能力，体现为从外国文化中提取和应用新的内容。

根据上文表述可知英语教学中的文化教学目的不是实现听、说、读、写、译几项语言技能的简单叠加，而是帮助学生了解和理解英语国家的文化背景，从而更好地理解和使用英语语言。促进学生对不同文化的尊重和理解，培养学生跨文化交流的能力和意识。拓宽学生的视野，让他们对世界有更全面、更深入的了解，增强他们的国际视野和竞争力。培养学生的思辨能力和批判性思维能力，让他们能够分析和评价不同文化之间的差异和相似之处。

总之，英语教学中的文化教学的目的是让学生不仅能够掌握英语语言的表面知识，更重要的是能够理解和应用英语国家的文化背景，从而更好地进行跨文化交流和沟通。

第二节　英语文化教学的原则与方法

一、英语教学中的文化教学原则

英语教学中的文化教学必须遵循一定的教学原则，主要有以下十大原则。

（一）以理解为目标原则

英语教学中的文化教学，是以文化知识为文化教学的起点，文化意识为文化教学的必备桥梁，文化理解是文化教学的最终实现目的。因此，文化意识与文化知识是文化教学的起点。通过文化知识的教学，培养和激发英语学习者的文化意识，教师培养学习者敏感地感知到，在母语文化与英语文化之间存在的差异，这也是实现文化理解的前提与基础。文化理解是强调英语学习者客观理性看待母语文化和目的语文化，并且在人际交往过程中以得体言行进行交往。

文化理解不仅在英语教学中是一堂必修课。在当今文化交际往来日益频繁的今天,同样是必要的掌握内容。文化理解是国与国之间交际往来的必要桥梁。通过对彼此文化的认可与理解,可实现国家之间文化的顺畅交际。同样语言文化与目的语文化之间的相互理解可培养学习者的文化交际能力。培养以理解为目标的文化教学原则要求,具体包含以下两点内容。

第一,在实施文化教学时,教师无须过分强调知识的灌输,以及引导学生进行简单模仿。教师应当针对目的语文化,深入分析并向学生加以解释,引导学生认识到目的语文化与本民族文化之间的差异与相同之处,以及背后蕴藏的文化渊源。

第二,教师开展教学评价时应关注学习者对目的语文化的共情能力。教师不应过度强调对目的语文化的排斥或接受的程度。

(二)有序性原则

有序性原则是指文化教学要体现语言文化本身的逻辑性和系统性。同时文化教学活动必须根据学习者的身心发展情况,依照发展规律,按步骤、有次序地开展,帮助学习者依照次序理解和掌握文化知识。有序性原则一方面是文化教学自身的要求,另一方面也是遵循学习者身心发展规律的反应。文化知识教学依照一定的逻辑顺序开展,是外语文化的呈现需要,也是学习者有效的教学一种体现。

进行文化教学内容的选择时,教师必须充分考虑各层次文化知识内部的系统性和序列性,并且充分考虑文化知识与情境文化的相关性与规范性。

外语教学中文化教学应当根据语言学习者的认知发展规律和思维发展规律有效安排文化教学。学生的身心发展,是从不成熟到成熟,从不完善到逐渐完善的逐步发展的过程,因此学习者必须按照从易到难、由浅入深的顺序学习外语教学中的文化内容。除此之外,学习者的记忆力,也是从机械记忆逐步发展到理解记忆思维的,是依照形象思维到逻辑思维逐步发展的。因此，教师在安排参与教学中文化教学内容时，要从简单到繁杂，从具体的文化事件到抽象的文化主题。外语教学中的文化教学，必须考虑学习者处于不同阶段的学习特点。学生正在经历从感性认知、感性体验为主到理性、认知理性体验为主，文化教学也必须按照学习者认知发展规律与学习特点组织教学工作。

（三）对比性原则

外语教学中的文化教学，至少涉及母语和目的语两种文化，因此无论是教学目标的选择与确定还是选定教学内容都离不开对比。对比是文化教学开展的基础。

关于教学中文化教学内容选择时必须遵循对比性原则。母语文化与目的语文化之间存在一定的共性，也存在各自的个性。文化教学全程应贯穿对比性原则。例如，英语教学中教授这一称呼语时，可以通过中外对比，引导学生明确两种语言中同一称呼背后所蕴含的不同文化意义：中国文化中强调长幼有序、上下有别，因此称呼长辈和上级时有专用的称谓。但是以英语文化为例的许多外国文化在通常情况下，人们也可直呼长辈或上级的名字。由此可知，中外文化中称谓的差异体现出称谓背后存在的文化差异。一方面，教师可以引导学习者意识到两种文化中称呼的不同，教师也需引导学习者意识到称谓差异背后蕴藏的文化差异。另一方面，教师帮助学生积累文化知识，引导学生理解中外文化的差异。

（四）相关性原则

所谓相关性原则，要求在英语教学过程中，涉及的文化内容与教材内容相关或者是教材内容的对外延伸。文化教学应当充分利用外语教材中涉及的语篇材料，避免文化教学与语言教学相割裂。

以英语教学为例，在文章中涉及亲戚称谓时，教师可以引入与家庭相关的外语文化。汉语中亲属称谓繁多，一方面体现了汉族的大家庭文化，另一方面映射出中国文化受到宗法制影响，强调宗族观念。而在西方社会中，虽然家庭也是社会的基本单位，但更强调个人文化。个人利益远高于家族利益。正如英语中 cousin 一词涵盖了堂兄、堂弟、堂姐、堂妹和表兄、表弟、表姐、表妹。由此可知，对于外国人而言，堂系亲属与表系亲属并无根本上的差异。中西方的亲戚之间的称谓差异，可以体现出中西方文化中的差异。当然，对于家庭相关的文化，教师必须在教材中涉及相关内容时开展专题教学才较为合适，否则便有突兀、割裂感。

（五）循序渐进原则

文化教学应当遵循阶段性原则，也就是循序渐进原则，即根据学习者的年龄特点、认知水平培养目标、语言基础水平确定文化教学的内容与阶段。文化教学应注重由浅入深，由个体到综合，由现象到本质，逐步扩充其内容。通常情况下单个的单词或单独的句子，蕴含语言背后丰富的文化。因此，在英语教学初级阶段，出于多方面考量，通常英语教师会较多地教授词汇，伴随学习阶段发展，教师逐步由词汇教学延伸至句子教学与语篇教学，并且将其背后的文化信息逐步传递给学生。引导学生的外语学习从被动接收到主动参与。面向年龄层次较低、学习基础较为薄弱的学生，教师应当主动教授词汇背后蕴含的文化信息；面向年龄层次较高、具有一定外语语言基础的学生，教师应引导学生认识文化差异背后蕴含的本质区别，并注重对学生整体素质的综合培养。

（六）平等性原则

教师在英语教学中开展文化教学时，应当向学生传递文化之间是相互依存、平等和谐的关系。面向两种不同的文化，学生应当采取相互学习、相互渗透、相互影响的态度。并不是一种文化强于另一种文化，或者说某一种文化高于另外一种文化。英语教学中的文化教学，是为了更好地交流，也是为了学习他国文化并将本国文化更好地传递到国外。文化之间是相互平等的关系。因此，在教学过程中应避免文化优越感或文化偏见。理解他国文化应当参照他国历史文化背景、社会文化传统，不应将本国文化价值观作为衡量他国文化的前提与标准。因为文化之间是相互平等的关系。跨文化交流也应当建立在平等的原则之上，基于平等的交流可以从中吸取他国文化的精华，同时有助于发展本国文化。

（七）文化本位原则

所谓文化本位原则，即教师在开展文化教学的过程中，要向学生强调本国文化的重要性，强调母语文化的重要性。只有深深热爱和熟练掌握母语，才能在此基础之上学习外语，掌握跨文化交际能力。同样，也只有充分了解本民族文化，才能在本民族文化基础之上与外国文化相比较，不至于盲目地推崇他国文化，以致丧失本国文化脊梁。

因此，外语教师在外语教学内容的选择上，也讲求适度原则。教师对于文化内容的讲解要遵照事实，适度讲解，坚持实用为主、够用为辅的基本原则。教师对于外国文化必须理性地看待。跨文化传播教学并非将他国文化全盘照搬，而是基于本民族文化，立足本民族文化，对其他文化进行学习和积累。

（八）洞察性原则

对比机械性语言习得，洞察性语言习得可以取得更好的学习效果。因此，在外语教学中，必须以洞察性教学原则为基础，提升教学中的理据性教学，帮助学生了解其中蕴含的联系，以更科学的心态进行外语的学习。

莱考夫和卡特都曾明确指出，在语言学习过程中，学习有理据的东西比没理据的更加容易。因此教师在教学时，必须明确教授在语言学习中涉及语言理解中的某些东西。

洞察性知识的教学有利于学习者了解语言的工作方式，这种教学方式有如下几点意义

（1）学习者提高了学习的主动性。

（2）学习者加深对语言学习的理解。

（3）学习者深化对语言知识的记忆。

（4）学习者增强学习自信心与动力。

（5）学习者培养跨文化意识。

（九）"三位一体"教学原则

"三位一体"就是指语言、文化、思维的三位一体。在外语教学过程中，教师应当重视学生的主体地位，强调认知与情感的重要性，有目的地促进学生跨文化交际能力的提高。在认知语言学中，针对"三位一体"原则表明：无论研究语言、文化、思维三者中的任何一个方面，都必须同时分析另外两个方面。

"三位一体"教学原则对外语教学有重要指导意义。基于"三位一体"教学原则，教师对教学活动的改进提高了学生的学习效率。教师贯彻"三位一体"教学原则，有助于学习者对语言知识的深层理解；有助于学习者对语言知识的记忆；有助于学习者主动学习语言知识；有助于增强学习者的学习动机与信心；有助于培养学习者的跨文化意识。

（十）整体性教学原则

随着社会多元化的发展，外语知识的应用范围不断扩大，社会对外语人才素质要求不断提高，要求培养人才的协同发展的能力。因此，教师要在外语教学中，着手语言宏观层面和微观层面两个层面开展外语教学。

宏观层面的外语教学，是指要从社会、文化等语境知识方面开展教学。微观层面的外语教学，则是指要从音、形、义等具体方面开展教学。当然，以整体性原则组织外语教学还应注意：以不同渠道呈现外语教学，重视认知与情感的协调发展，教学内容与文化相联系，开展整体性教学。

二、英语文化教学的方法

（一）文化教学贯穿教学

不同的文化背景产生不同的语言表达方式，语言的表达方式不同，对应不同的交流方式，在整个外语教学的始终都不能缺乏文化教学的身影。语言与文化可以说是相互影响、相互促进的关系。教师在授课过程中必须辅以相关的文化讲解并适时提醒学生：中外社会环境不同，历史背景差异大，传统习俗不同，导致数字、颜色、动物、俗语等都存在巨大的差异。

教师在课程设计中充分融入文化元素。在教学计划中，教师应充分考虑文化教学的内容和时间并合理安排。例如，在课堂教学中，可以通过展示和讨论文化相关的图片、音频和视频资料，以及引导学生阅读相关文化文本来帮助学生深入理解和掌握英语的文化内涵。

教师也可以利用教材和课外资源进行文化教学。英语教材中已经包含了一定的文化内容，教师可以通过精心挑选，扩充和加强教材中的文化元素，使其更加丰富、深刻，更好地反映英语国家的文化特色。此外，也可以利用各种外部资源，如英语原版书籍、电影、音乐等来帮助学生更好地了解英语国家的文化。

高职英语的文化教学需要贯穿整个教学过程，并采用多种方法，既要注重知识的传授，也要注重学生的体验和交流，使学生真正了解英语国家的文化，增强跨文化交际的能力。

（二）文化背景材料的讲授

教学目的是对教学内容起到主导作用的因素，英语教学目的就是培养高质量、具有跨文化交际意识的人才。

培养具有跨文化交际意识的人才这一教学目标已经成为英语教学界的共识。但是，应该如何培养具有跨文化交际意识的人才，众说纷纭。部分教师寄希望于改进教学方法，并未真正着眼教学内容，这并不能真正培养学生的跨文化交际能力。相反，教学方法是由教学内容决定的，因此必须从根本上改变教学内容，不执着于教学方法，改变轻文化内容、重形式的现象。

教学过程强调词句中文化背景知识的介绍与讲述。以英国为例，英国在发展过程中历经沧桑，促进文化的丰富和发展。英语是多民族语言的集合，甚至由于多年的历史变更，语言是不断发展的。例如，在过去，美国黑人是 Negroes 一词，种族歧视者称其为 Blacks。但是，20 世纪中叶以来黑人掀起了反种族歧视运动。黑人出于对自己的皮肤颜色的骄傲，自称为"Black，the black people"，反而是"Negroes"一词，带有一定的贬义含义，目前已经较少使用了。由上例可知，语言是不断前进与发展的，同样一个词可能在不同时代具有不同的含义。

了解文化背景后再开启相关内容的讲授，学生已经具备一定的文化知识储备，开展学习时可以理解文学艺术中深层次的文化含义。学生透过文本对中西方不同的价值观产生不同的理解与不同的思考。学生在比较与学习过程中，积累语言知识、语言技能。同时，学生可以增强对文学作品深层含义的理解，培养观察力、洞察力、同理心。

（三）重视非语言交际教学

在外语交际中除了必要的语言交际，非语言的表达形式远比语言交际要多，非语言的交际也是人类传递信息的必要手段。因此，在英语教学中必须重视非语言交际教学。

第一，英语教师必须重视文化间的差异，重视非语言交际转换规则的讲解，将其视作语言教学中的重要部分。教师应当帮助学生将英语与母语中非语言交际行为中的表现、含义、功能等方面的差异与冲突正确厘清，并得体地处理文化间的差异。教师需要特别重视英语教学中语言交际和非语言交际，帮助学生掌握非语言交际的方法。教师可以注重培养学生的跨文化交际意识，引导学生从跨文化角度来理解和运用非语言交际技能，以更好地进行国际交流和合作。

第二，教师不定期组织开展跨文化交际的专题讲座，设置主题，根据主题开展对比教育。教师在专题讲座中，通过讲解和讨论文化差异、交际礼仪等话题，提高学生对于文化差异的认识和理解。同时，教师可以设置主题，如"中西方婚礼习俗比较""中美商务谈判中的文化差异"等，让学生通过对比分析，进一步认识和理解不同文化之间的差异和相似之处。

此外，教师还可以通过音乐、电影、文学等多种非语言媒介来进行文化教学，让学生通过欣赏、理解和解读这些作品，深入了解不同文化之间的差异和相通之处。同时，教师可以设置相关的任务和活动，如让学生在欣赏音乐或电影的基础上进行文化对比分析、讨论或演讲等，加深学生对文化差异和交际礼仪的认识和理解。

教师甚至还可以通过组织学生参加文化交流活动，如文化节、文化考察、交流访问等，让学生亲身感受和体验不同文化，拓宽学生的视野和认识，提高学生的非语言交际能力和文化适应能力。

第三，课上以小组形式开展专题讨论，充分发挥学生的自主能力，引导学生深入探究非语言行为的表现和交际规则，对比英语和母语中存在的非语言行为的文化差异。利用多媒体手段，如电影、电视等形式向学生展示英语文化中的非语言交际。教师甚至可以适当引导学生模仿非语言交际的动作。在课堂上，教师可以设计练习，让学生通过模仿、表演等方式练习非语言交际技能，如模仿不同场合下的肢体语言、面部表情、语调等。

第三节　英语文化教学中思辨能力的培养

一、设立训练思辨能力的文化教学目标

（一）设定长期宏观目标

学生的思辨能力需要长期的训练和培养，这需要教师在英语教学中注重对学生思维的训练。学生在学习英语的过程中，不仅要注意不断提高语言技能，还要发展思维能力，以便在生活中更加合理、更加优化地解决问题。思辨能力不意味着时刻盯着对方的漏洞加以抨击，以显示自己的正确，而是需要以一种更加开放、审慎的态度，提出合理的依据和论据来证实自己的观点，从而找到更好地解决问题的方法。

（二）设定具体目标

要培养学生的思辨能力，需要教师有宏观的规划和具体的教学计划，根据不同的课程性质明确列出要培养的具体能力。教师应该将思辨能力的提高作为组织教学的一条线索，安排不同的任务，提出更多有启发性的问题，并布置需要思考之后才能完成的作业，以此培养学生的思辨习惯。例如，可以通过课堂讨论、小组活动、演讲等形式来鼓励学生表达自己的想法，并提出反驳和质疑。

（三）设定差异性目标

培养学生的思辨思维需要基于学生的思维背景，而文化教学对于学生思辨能力的培养也需要根据学科特点进行区别对待。

总之，根据学科特点进行区别对待，教师可以更好地培养学生的思辨能力，并更好地体现英语作为语言工具的作用。通过在教学中注重思维的训练，引导学生进行探究式学习，加强学生的批判性思维能力和跨文化思维能力，教师可以帮助学生更好地理解世界，更好地解决问题，并成为具有全面素养的人才。

二、创设鼓励学生思辨思维的环境

环境就像滋养大树的沃土，教师要为学生营造出一个好的环境。

（一）鼓励思考和质疑

思辨能力是指能够运用逻辑和判断力来思考和解决问题的能力。这种能力可以通过针对学生的思维方式和课程特点精心设计教学来培养。

老师要让学生在课堂上提出问题，这些问题可以是学生自己的疑问，也可以是老师提出的引导性问题。然后老师需要设计一些任务来帮助学生思考解答这些问题。老师要精心准备问题，提前预测学生的回答并基于此提出更进一步的问题，以便让学生反思自己的回答。

老师要提高对学生的听力和观察力，不仅仅是听他们说话的内容，还要听他们思考的深度和逻辑性。老师需要设计出好的问题，并针对学生的回答进一步提出更具有挑战性的问题，以便激发学生高质量的思考和表达。

在这个过程中，老师要求学生展示出推理、罗列、分析和综合的能力，鼓励学生使用科学并且有逻辑性的思考方式。例如，老师可以给出一个观点，然后让学生对这个观点进行论证，给出相应的论据，并且尽可能地加上一两个例子来做到摆事实讲道理同步进行。这样可以培养学生的逻辑思维和判断能力，让他们能够更加理性地分析和解决问题。

老师可以在课堂上建立一个良好的学习环境，激发学生的思辨能力，培养他们的逻辑思维和判断能力，让他们能够更好地应对日常生活中遇到的各种问题。

（二）鼓励倾听和表达

教师在鼓励思考和质疑的基础上进一步训练学生的思辨能力。在学生掌握了基本思辨能力的情况下，需要进一步扩大学生的思考面，让学生能够以更加深入的方式阐述自己的观点。教师可以要求学生给出两个或者两个以上的观点，并以给理由和举例子的方式来表达自己的观点，以此来训练学生深入思考的能力和清晰地表达观点的能力。

在此基础上，可以进一步训练学生的辩证思维能力。例如，教师可以安排某组学生清晰地表达自己的观点，然后安排另一组同学认真倾听，并给出评论和反驳，最后再给出自己的观点及论据，最终得出结论。这种交流让学生在表达观点的过程中梳理思路，强化思维训练，锻炼了学生的辩证思维能力，让他们更好地理解和掌握不同观点之间的关系，进一步提高了他们的思维水平。

三、以问题为教学驱动

（一）对比分析

思辨能力就是人要通过多角度、批判性地思考问题，培养思辨能力，可以帮助人们从不同的视角来看待问题，同时能够包容多种不同的观点。

通过对比不同文化对同一事件的不同诠释，学生可以超越自身文化常规的思维模式，从异域文化的视角来理解文化现象，加深对两种文化的理解。

对比分析是进行跨文化研究的主要方法，也是第二语言教学的重要方法。通过对比本国文化与目的语文化之间的异同，可以让学生正确区分知识文化因素和交际文化因素。在比较分析中，不仅要进行表层形式的对比，还应该进行深层内涵的对比，同时需要进行语言和非语言形式与意义的对比以及语言交际行为的形式和意义的对比等。例如，在学习节日文化时，可以透过中国传统节日的文化表象意义来思考和探寻中国传统节日的发展及其传递的文化内涵和核心价值，同时比较中西方相似的节日文化，以便进一步了解中西方相似主题的节日在文化上的差异。

对比分析有助于学生克服在学习英语知识和英语文化过程中的心理障碍，同时非常有利于培养学生的文化意识。在比较两种文化时，教师应引导学生正确认识和对待本国文化和外国文化的相互关系，避免拒绝任何外国文化的狭隘的民族主义态度和盲目追随外国文化的错误做法。正确的态度应该是在坚持本国优秀文化传统的基础上，广泛吸收外来先进文化。

（二）换位思考

换位思考要求学生从不同角度看待问题，以培养他们的同理心、创造性思维和多元化的视角。

1.人物换位

人物换位要求学生站在其他人物的角度看待问题，如历史人物、文学角色或现实生活中的其他人。通过模拟这些角色的思考过程，学生可以更深入地理解他们的动机、情感和行为。这有助于培养学生的同理心，促使他们关注他人的需求和感受。此外，这种思考方式也有助于开发学生的创造性思维，因为他们需要想象和创造不同的情境和解决方案。

2.时空换位

时空换位不是实际让学生穿越时空隧道，回到特定的历史时期或地点，而是教师为学生创设出一定的时空情境，以便学生可以更好地理解和体验当时的情境。这种方法可以帮助学生从多元化的视角审视问题，克服现实生活中的局限性。时空换位让学生置身于不同的历史、文化和地理背景中，使他们能够更好地理解不同时代和地区的人们面临的挑战和问题，从而提出更具创新性和实用性的解决方案。

教师可以设计适当的课堂活动，如角色扮演、小组讨论或模拟辩论，以激发学生的想象力和创造力。教师为学生提供丰富的学习材料，如历史文献、文学作品或现实案例，以帮助学生更好地理解不同角色和情境。教师需要鼓励学生在思考问题时充分发挥联想，富有创造性地提出解决方案，不去批判他们标新立异的观点，保护学生的自尊心和好奇心，确保学生在一种相对自由的环境中发展思辨思维。

教师通过关注学生的思维过程，引导他们学会换位思考，逐渐形成独立思考和解决问题的能力。通过实践换位思考，学生将能够更好地理解和体验不同角色的需求和感受，从而发展自己的思维，并且可以提出更具针对性和有效的解决方案。

（三）设疑思考

设疑思考是指对已知知识和观点进行质疑和挑战的思考方式。这种方法对于学生的学习非常重要，因为它有助于培养学生的思辨能力和创新精神。质疑是创新的源泉所在。

在教学过程中，教师应引导学生对现有知识和观点提出疑问，以便培养他们的思辨能力。高职学生的思维已经相当成熟，教师需要做的是启发学生从问题入手进行探究。通过持续的质疑和思考，学生的思辨能力会自然不断提高。

教师可以鼓励学生提出问题。教师应鼓励学生在课堂上提出问题，质疑现有的知识和观点，并对这些问题进行讨论和辩论。教师应为学生提供多元化的学习材料，以便学生能够对比和评估各种观点，从而质疑和挑战。教师可以设计让学生参与质疑和探究的课堂活动，如辩论、研究报告或小组讨论。教师引导学生学会独立思考，敢于质疑权威和传统，培养他们的批判性思维。

教师可以在教学过程中引导学生进行设疑思考，从而培养他们的思辨能力和创新精神，这对于学生的思辨思维的发展，甚至学生的未来终身学习的开展都具有相当重要的意义。

（四）开展课后专题研究

在这个知识不断更新、技术日新月异的时代，教师不能再依赖单一的教材来进行传统教学。为了适应这一趋势，课后历史专题式开放学习逐渐成了一种有效的教学方式。学生可以根据个人兴趣组成小组，以小组为单位进行专题研究。

为了更好地开展历史专题研究，学生需用英语进行小组讨论，共同确定子课题并制订详细的研究计划。为了搜集相关信息，学生可以利用电子书、网络资源和图书馆等渠道，以拓宽知识面。在专题研究的过程中，学生需要积极主动地搜集英文资料并深入阅读，充分调动自主性和积极性。

在研究过程中，与教师和同学的课下讨论对学生来说至关重要。多数学生在充分理解材料的主要观点后，会通过归纳和分析提出自己的看法。在专题研究报告完成后，学生需要在课堂上公开发表研究成果，接受同学们的质疑和评价，从而提升自己的学术水平。

这种专题研究的"开放性学习"模式让学生有机会真正成为知识建构的主体，而教师则扮演着推动意义建构的角色。在这个过程中，学生需要对所收集的英文资料进行筛选、理解、分析、解释和评价，从而锻炼和提高思辨能力。此外，这种模式还有助于培养学生的自主学习能力、团队协作精神和批判性思维。

总之，通过开放性学习模式的实践，学生不仅能够提高自己的历史知识水平和英语表达能力，而且能够培养批判性思维和独立思考的能力。这对于他们未来的职业生涯和终身学习具有深远的意义，有助于他们在复杂多变的社会中不断成长和进步。

第八章 ESP 教学与思辨能力培养

第一节 ESP 教学理论支撑

一、什么是英语 ESP 教学

ESP 是专门用途英语（English for Specific Purposes）的缩写，指为满足特定领域和行业的英语交际需求而开设的英语教学课程。如图 8-1 所示，将英语按照使用的用途分类，可以更加清晰明确地了解专门用途英语的重要性和必要性。

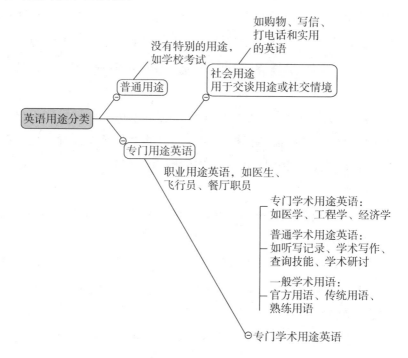

图 8-1 英语的用途分类

随着时代的发展，人们对语言的认识和需求发生了变化。人们意识到语言的一般功能之一是信息传递，而英语作为一种交际工具，仅仅停留在阅读上是不够的，因此口语教学应运而生。随着社会的进一步发展，人们意识到传统的语言描述和教学只是解释英语的规则，即英语的"共核"部分，但英语在不同的领域中存在着很大的差异，如医疗英语和经济英语在词汇、法律等方面都存在巨大的差异。因此，只掌握这些"共核"英语并不足以让学习者成功应对具体的语言交际环境。

人们对英语教学的认识进一步深化，普通用途的英语无法满足英语教学的需要，人们逐渐意识到需要针对不同的领域和行业开展更为深入和专门化的教学，从而促进了专门用途英语的产生。通过 ESP 教学，学习者可以更好地掌握特定领域的英语语言技能和知识，提高语言表达和交际能力，更好地适应和融入专业领域。

ESP 教学是一种针对特定专业领域、行业或职业的英语教学方法。与一般英语教学不同，ESP 教学关注的是为满足特定需求的学习者的专业化、有针对性的英语课程。其主要特点是强调语言技能的实际应用，突出专业性和实用性。

ESP 教学的主要目标是帮助学生在特定领域中有效地运用英语。为了达到这个目标，教师需要根据学生的需求和背景定制课程，设计合适的教学内容和方法。ESP 教学涉及的领域广泛，包括商务英语、医学英语、科技英语、法律英语等。

在 ESP 教学过程中，教师往往需要具备一定的专业背景知识，以便更好地理解学生的需求和指导学生的学习。同时，教师也需要关注学生的学习动机、兴趣和目标，以激发学生的学习热情。此外，教学活动应注重实践性，鼓励学生参与真实场景的模拟和讨论，提高学生的沟通能力和解决问题的能力。

总之，ESP 教学是一种以学生为中心，注重实用性和专业性的英语教学方法。它为特定领域的学习者提供了有针对性的语言技能培训，有助于提高学生在职场和专业领域的竞争力。

二、ESP 教学理论源泉

（一）语言功能理论

语言功能理论是一种关注语言在实际交际中起到的功能作用的语言学理论。这种理论主张语言不仅是一种表示意义的系统，而且是一种具有特定功能的工具。不同的语言学派对语言功能理论有不同的解释，但它们普遍强调语言在实际使用中的适应性和交际目的。

其中，韩礼德（M.A.K. Halliday）的系统功能语言学理论是语言功能理论中最著名和最具影响力的一个分支。韩礼德认为，语言的功能是多样的，并且在特定的社会和文化背景下，语言功能会影响语言的结构和形式。[①] 根据韩礼德的观点，语言功能可以分为以下三大类：

人际功能：人际功能关注语言在交际过程中所扮演的角色。它涉及说话者与听话者之间的互动，以及他们在特定情境下使用语言来达成某种目的。人际功能包括表达情感、态度、建立关系、请求、提供信息等方面。

概念功能：概念功能关注语言如何表达现实世界的经验和抽象概念。它涉及语言对参与者、时间、地点、过程、属性等各种信息的描述和组织。概念功能主要体现在句子的主位（主语）和述位（谓语）部分。

语篇功能：语篇功能关注语言如何将不同的语言单位（词、短语、句子）组织成一个连贯、一致的语篇。这涉及句子之间的关系、衔接，以及篇章结构等方面。

韩礼德的系统功能语言学理论强调语言在实际交际过程中的应用，为现代外语教学提供了理论指导。在 ESP 教学中，语言功能理论是关键的支撑理论之一。交际能力理论强调学习者在实际情境中运用语言的能力，并非语法和词汇知识的掌握。这对于 ESP 教学具有重要的指导意义，

---

① 赵永刚.对韩礼德语言元功能三分说的质疑及问题溯源[J].江汉学术，2022，41(6):121-128.

因为 ESP 教学的目的就是培养学生在特定领域和场景中有效地使用英语的能力。一是强调了语言能力和实际交际之间的关系，即语言能力是通过实际交际来实现的；二是强调了交际能力培养的重要性，即学习者必须通过接触和使用各种语言材料来学习并提高自己的语言能力。

（二）需求理论

主体缺少某物而形成的客观状态称为足够，这也是客观需要的一种表现。人们既有物质需求，也有精神需求，既有生理需求，也有心理需求。当人们的需求有了目的，它就变成了动力。

心理学家提出了"需求理论"，认为满足需求是学习的主要动力。著名心理学家马斯洛融合精神分析心理学和行为主义心理学，开创了人本主义心理学。

由该理论不难发现，学习目标与需求之间存在着密切的联系。语言能力是指学习者能够达到的语言水平，它是学习者在未来工作中所需要的。教学活动应该以学生的实际需求为基础，以便为学生提供更有针对性的教学。

在 ESP 教学中，需求分析是至关重要的一环，它帮助教师确定学生的学习目标、语言需求和课程设计。通过对学生的需求进行深入了解，教师可以开发出更具针对性和实用性的教学内容和方法。学习者在学习某一语言之前，必须明确自己对该语言的掌握程度，并对自己今后学习该语言的能力进行评估。此外，学生在学习一门新语言之前，还必须明确自己学习该语言所希望达到的水平。只有明确了学生的学习目标和学习需求，教师才能针对学生不同的需求设计教学内容和方法。

（三）场域动力理论

场域动力学理论由场论和动力学理论两种理论组成。研究场动力学理论的原因是，应用库尔特·勒温的场动力理论，有助于从教师场域的角度分析教师专业发展的动力体系，发现教师专业发展的专业发展动力的生成机制。

场论主要用于解释个体心理和行为所产生的特定空间。"场"是相互依存的事实的总和。它不仅指发生某些行为的物理空间的某些区域，还包括个体的心理区域。在一定的时空下，物理时空与心理时空相互依存、相互作用。因此，对"场"的分析和理解必须坚持实体视角和关系视角相结合。库尔特·勒温认为，人的每一种行为都是由各种相互依存的各种事实相互作用产生的，而这些相互依存的事实具有动态场的特征，这是场论的基本命题。

场论主要基于生活空间或动力场来研究人类行为和心理活动。想要理解或者尝试预测人的行为，有必要将人和他们所处的环境，视为相互依赖的因素的集合。我们将这些因素的总和称为个体生活空间，即生存空间由个体、环境、个体与生存空间的相互作用组成。

由此可见，对个体行为的分析，必然是针对特定的时空区域、个体所处的位置，同时需要分析个体特征（生理特征、个体特征、心理特征、生活史等）和所处环境的个体行为的产生和变化原因。

动力理论主要用于解释个体行为动机的心理机制。动力决定一个有机体行为的所有实际的和潜在的因素。同时，这些因素相互作用产生的力量，是推动事物发展的积极力量。"动力"的含义不仅包括力的载体，还包括载体的运动。只有当载体发生变化和移动时，才能产生力，同时，力的性质是积极的。

个体行为动机的产生在于追求一种"稳态"。所谓"稳态"就是一种心理平衡，这种平衡体现在个体内在心理与外在环境的和谐。这是一种状态，是个体不断调动自身能量作用于环境的过程。同时，调节环境反应的力量以保持一定的阈值，可以通过心理平衡来实现和达到一种稳定平衡的状态。

因此，动力的产生是一个消除不平衡并达到平衡的动态过程。心理过程通常是趋向于追求平衡的结果，就像生物一般过程，以及物理、经济或其他过程，都是一种追求稳定状态的过程，以及在稳定状态下发生的变化。从一种稳定状态转向一种过程，即在某个时刻，平衡被打破，进入新的平衡状态的过程开始了。

语言学习应该是一个以学生为中心的过程，而不是一个被动接受的过程。任务型教学理论主张将语言学习与实际生活联系起来，使学生在完成具体任务的过程中理解语言知识，并在实践中运用所学的语言知识。任务型教学理论强调学生通过完成具体任务来实现语言学习目标。这一理论在 ESP 教学中具有重要的应用价值。任务型教学有助于学生将所学知识运用到实际工作和生活中，从而提高学生对语言的实际运用能力。

场动力理论强调个体行为受环境因素影响以及个体与环境的互动，这一理论可以为 ESP 教学提供有益的理论指导。场动力理论关注个体在特定环境下的行为和心理过程。在 ESP 教学中，这意味着教学方法应注重个体差异，教师应根据学生的特点和需求制订个性化的教学计划，以提高教学效果。场动力理论强调个体在特定场景下的行为和心理过程。在 ESP 教学中，教师可以根据学生的专业需求设计真实场景的教学活动，使学生在类似情境中锻炼并提高英语应用能力。这种教学方法有助于提高学生在实际应用中的语言技能。

场动力理论关注个体行为的动态变化。在 ESP 教学过程中，教师需要密切关注学生的学习进度和需求变化，及时调整教学内容和方法以满足学生不断变化的需求。场动力理论认为个体的内在动力对其行为具有重要影响。在 ESP 教学中，教师可以通过充分了解学生的兴趣、需求和期望，设计有趣、有挑战性的教学活动，激发学生的学习兴趣和动力。内在动力的提升有助于学生更积极地参与学习，提高学习效率。场动力理论认为，个体的行为受到多种因素的共同作用。在 ESP 教学中，教师可以整合多种教学资源，如专业教材、实际案例、多媒体资源等，为学生提供丰富的学习材料和环境，帮助他们更好地理解和掌握专业英语知识。

三、ESP 教学要素

一般来说，ESP 教学的要素可以归纳为"5W1H"，具体如图 8-2
所示。

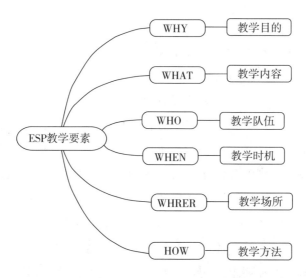

图 8-2　ESP 教学的要素

（一）教学目的

ESP 教学的目的（why）是满足学习者在特定领域和行业的英语交
际需求。在开展 ESP 教学之前，明确教学目的是关键。因为只有明确教
学目的，教学工作才有方向可循。如果教学目的不明确，教学就会变得
盲目和随意，可能会陷入"为教学而教学"的误区。

在完整的 ESP 教学活动之后，教学目的应该成为 ESP 教学的核心和
基石，具有导向性的作用。明确教学目的可以让学习者更有针对性地进
行学习，提高学习效率和效果。同时，教学目的也可以帮助教师更好地
组织教学内容和教学活动，确保教学工作的质量和效果。

事实上，任何教学活动最重要和最直接的目的都是满足学习者的需
求，ESP 教学也不例外。要想明确 ESP 的教学目的，应该先对 ESP 学习

者的需求进行具体分析。针对不同的领域和行业，学习者的英语交际需求也会有所不同。因此，ESP 教学的目的也应该有所不同。

例如，商务领域的学习者可能需要掌握商务会议、商务谈判、商业合同等方面的英语表达和交际技巧。

（二）教学内容

ESP 教学的内容（what）是针对学习者在特定领域和行业中的英语交际需求而设计的。教师要更加充分地了解学习者的学习需求，需要对目标情景进行分析，还应分析学习者当前对语言的掌握情况。通过对这些方面的分析，可以更好地把握学习者在哪些方面有待于进一步学习和提高。ESP 教学的内容可以具体分为三个层次。

第一个层次是词汇和语法。对于不同领域和行业的学习者来说，掌握专业术语和相关语法知识非常重要，因为这些是他们进行专业领域英语交际的基础。因此，在 ESP 教学中，需要注重词汇和语法的教学。

第二个层次是语篇和体裁。在特定领域和行业中，不同的语篇和体裁具有不同的特点和要求。例如，在商务领域中，商务邮件、商务谈判文书等都有独特的语篇要求。因此，在 ESP 教学中，需要注重不同语篇和体裁的教学，让学习者掌握不同语篇和体裁的表达技巧和策略。

第三个层次是策略和技能层次。在 ESP 教学中，学习者需要掌握一些实用的策略和技能，帮助他们更好地进行专业领域的英语交际。例如，学习者需要掌握听、说、读、写等方面的技能，还需要掌握一些应对特定情境的交际策略。

教师需要明确 ESP 教学的内容是针对学习者在特定领域和行业中的英语交际需求而设计的。教师开展 ESP 教学时，也需要根据学习者的需求和语言掌握情况进行具体的内容安排和教学实践。

（三）教学队伍

ESP 教学中一个重要的要素就是教学队伍（who）的构成。作为 ESP 教学工作者，教师不仅承担着最直接的教学工作，还应该扮演着教材提供者、课程设计者、研究者、评估者等多重角色。教师需要具备丰富的学科知识、教学经验和跨文化交际能力，能够设计出符合学习者需求的教学内容和教学方案，为学习者提供专业的英语交际培训和指导。

一个人员齐备、学习水平普遍较高的师资队伍可以提供高质量的ESP 教学服务，为学习者提供更好的学习体验和效果。因此，ESP 教学师资的力量、水平和素质对其教学的各个方面起着直接的决定作用。如果师资问题得不到很好的解决，教学质量将无法得到保障。为此，相关教育管理部门应注重对师资队伍的培训和提高，提供专业的培训和发展计划，帮助教师提高教学能力和专业素养，为 ESP 教学的发展提供坚实的师资保障。

（四）教学时机

教学时机（when）是 ESP 教学中一大重要的教学要素。何时开展ESP 课程这一问题也是 ESP 教学中经常讨论的话题。要想对 ESP 课程开设的最佳时机有更好的理解，需要处理好以下两个方面的关系。

第一，处理好 ESP 教学和普通英语教学之间的关系。一般来说，ESP 教学应该在学习者掌握了基本的英语语言知识和技能之后再进行。因此，在普通英语教学中，应该先注重学生对基础词汇、语法、发音等的学习，等学生掌握了这些基础知识和技能后再开展 ESP 教学，这样才能更好地达到教学目标。

第二，处理好 ESP 教学和专门课程的教学之间的关系。在一些学校或机构中，可能已经开设了相关的专门课程，如医学英语、商务英语等，这些课程已经涵盖了一些 ESP 教学的内容。因此，在选择 ESP 教学的时机时，需要考虑到这些课程的内容和进度，避免重复和冲突，充分利用已有资源，实现教学的最佳效果。

因此，在选择 ESP 教学的时机时，需要考虑到诸多因素，确保教学内容的科学性和有效性。

（五）教学方法

在具体开展 ESP 教学时，教师可以采用多种多样的教学方法（how）来提高学生的语言交际能力。

其中，角色扮演法是一种常见的教学方法，它可以帮助学生模拟真实场景，锻炼他们在具体语言交际环境中表达的能力。例如，在商务英语教学中，学生可以扮演客户和销售代表，在模拟的商务场景中进行英语交流，从而提高他们的商务英语能力。

另外，合作学习法也是一种非常有效的教学方法。在 ESP 教学中，合作学习可以帮助学生在互相合作的过程中锻炼语言交际技能和解决问题的能力。通过合作学习，学生可以在团队中互相配合，共同完成任务，并相互评价和反馈，从而提高学习效果。

除了上述教学方法，还有其他一些教学方法，如讨论、案例分析、任务型教学等，这些方法也可以帮助学生更好地掌握 ESP 教学内容，提高他们的语言交际能力。

此外，这种强调学生之间交流、互动的教学理念还能有效缓解当前由于 ESP 教学规模扩大而产生的师生间交流不充分的现实问题。通过让学生在课堂中进行交流和合作学习，可以增强学生之间的联系和互动，促进他们的语言交际能力的提高。

（六）教学场所

随着二语习得理论和建构主义等理论观点的不断发展，教学场所（where）和语言学习环境在学生的语言学习过程中的重要性逐渐受到关注。理想的语言学习环境通常具有明显的真实性特点，因为只有在较为真实的语言使用状态下，学生才能更好地理解和掌握所学语言。对于 ESP 教学而言，其教学目的就是帮助学生在特定的专业场景中自如、灵活地运用英语进行交流。

为了实现这一目标，选择与学生学习相适宜的学习场所或利用软件、硬件等客观的外部条件营造出真实的 ESP 应用场景显得尤为重要。教师如果可以创建出真实的语言学习环境，会有助于加强学生对应用性情境的感性认识，使学生更好地理解语言在实际应用中的作用。在拟真的语言学习环境中，学生可以更明确地了解自己需要掌握哪些知识和技能，从而使学生在学习的时候更具针对性。

真实的语言学习环境能够激发学生的学习兴趣，提高他们的参与热情。当学生在真实的应用场景中学习时，他们更容易看到所学知识的价值和意义，从而产生更强的学习动力。不仅如此，学生在教师创建的语言学习环境中，有更多的机会实践所学知识，提高自己的实际应用能力。通过与他人交流、解决问题等活动，学生可以不断巩固和加深对所学知识的掌握。

第二节 ESP 教学发展现状

一、ESP 教学发展需求点

ESP 教学的目标是确保教学内容和方法能够满足学生特定的需求，更关注专业领域的知识讲授。与传统英语教学或双语教学相比，ESP 有其独特的优势和特点。

ESP 教学注重实际应用。ESP 教师除了具备一般英语教师的语言能力和教学技巧外，还需要具备一定的专业知识，并能根据学生的需求和背景进行个性化教学。在教学过程中，教师需要关注学生的需求分析、课程设计、材料开发和评估等方面。教师在教学过程中注重与专业知识的结合，发挥引导、激发、支持和评估的作用，帮助学生培养自主学习能力，使学生能够在专业领域内流利地使用英语。

课程设置与教材开发需要与学生的实际需求和专业背景相适应，以提高学生的学习兴趣和积极性。课程设置应该有明确的目标、内容和教学方法。同时，教材开发需要注重实用性、针对性和时效性，以满足学生的实际需求。

为了实现有效的 ESP 教学，需要关注教学原则、教师角色、师资培养等方面，最终构建完善的教学体系。

二、ESP 教学发展现状

在当前中国高校英语教学体系中，基础英语教学和 ESP 教学共同为英语教育服务，它们在时间和内容上相互联系和融合。基础英语教学主要是为了培养学生的综合英语应用能力，而 ESP 教学则更关注学生在特定领域的英语技能和知识。

在 21 世纪，随着国际交流需求的日益增多，社会对英语人才的要求也越来越高。仅仅具备基础英语技能的人才已经不能满足国际交流的需求。因此，应当重视培养具备扎实英语基础知识和其他学科丰富知识的复合型人才。

开展 ESP 教学，需要在课程设置和教学过程中，将基础英语和 ESP 教学有机地结合起来，确保学生在打牢英语基础的同时，也能在特定领域积累专业知识和技能。我们应推动英语教育与其他学科的交流与合作，为学生提供更丰富、更具挑战性的学习机会，培养他们在多个领域的知识和技能。教师应采用新颖的教学方法，如任务型教学、项目式教学等，激发学生的学习兴趣和积极性；建立综合性的评价体系，以全面、准确地评估学生的英语能力和专业知识水平；引导学生树立终身学习的理念，培养他们的自主学习能力和问题解决能力，以适应未来社会的发展和变革。

我们依赖传统的英语教学培养出来的英语专业人才只具有听、说、读、写、译等基本技能，显然不符合时代的需求。既具备扎实的英语基础知识，又具备其他学科丰富知识的复合型人才，才可以满足 21 世纪社会的国际交流需求。

从内涵层面来看，ESP 教学是一种特定的英语教学方式，它针对学习者在特定领域中的特殊需求和目的进行课程设计。与传统的英语教学相比，ESP 教学更加关注学生在实际应用中所需的英语能力，以便他们能够在专业领域中更有效地使用英语。

从本质上讲，ESP 教学是一种特殊的英语教学类型，它与学习者的特定需求密切相关。这些特性使得 ESP 教学在衔接基础阶段的教学和双语教学方面具有现实的可能性，有助于学生更好地掌握英语，并将其应用到实际工作和学习中。

在我国的高等教育体系中，英语教学在不同阶段有不同的侧重点。大一和大二阶段的大学英语课程通常注重培养学生的通用英语能力，如听、说、读、写等基本技能。这一阶段的教学材料具有广泛性，不专注于某一专业领域的英语知识。然而，在第三学年开始的双语阶段，学生需要学习与专业相关的英语知识，如专业词汇、表达方式等。在这一阶段，如果学生没有积累足够的专业英语知识，他们可能会在学习过程中遇到挫折，甚至可能对双语学习失去信心和兴趣。

此外，专业课教师在双语教学中主要关注专业知识的传授，而非语言技能的培养。这导致了学生的需求与教师的实际教学之间存在一定的矛盾。为解决这一问题，将 ESP 教学应用于大学英语后期教学中，成为一种可行的方案。

ESP 教学作为基础阶段教学和双语教学之间的衔接环节，主要关注各专业学科领域的共性语言现象和特点。它既涵盖了英语的基本技能，又强调专业英语知识的传授。这种教学模式可以帮助学生更好地适应双语教学阶段的学习，提高他们在专业领域运用英语的能力。

在国外，ESP 教学的发展相对较早，已经成为许多大学的必修课程。例如，在欧洲和北美地区，许多大学开设了各种类型的 ESP 课程，包括商务英语、医学英语、法律英语等，以满足学生在职业领域中的实际需求。此外，一些专门的语言学院也专门开设了 ESP 课程，为学生提供与其专业领域相关的英语语言技能和知识。

在中国，随着经济的快速发展和全球化的趋势，越来越多的大学开始推出 ESP 课程。例如，在国内的一些高校中，已经开设了商务英语、旅游英语、酒店管理英语等不同领域的 ESP 课程。此外，一些培训机构也开始提供 ESP 教学服务，以帮助学生提高其职业领域所需的英语语言技能和知识。

ESP 教学的发展状况在全球范围内都趋于成熟和广泛应用。然而，在国内，ESP 教学的研究和实践仍处于起步阶段，需要更多的实践和研究，以提高 ESP 课程的质量和效果。

当然，随着科技的发展和全球化的推进，ESP 教学将继续发展壮大。未来的 ESP 教学可能会呈现以下趋势：首先，跨学科的整合。ESP 教学可能会与其他学科领域更加紧密地结合，为学生提供更加全面的知识体系。其次，数字化和在线教学。网络技术的普及使得 ESP 教学可以突破时空限制，为更多学生提供便利的学习途径。此外，人工智能和虚拟现实等新技术的应用，也将为 ESP 教学带来新的可能性和机遇。

总之，ESP 教学已经取得了显著的发展，并在全球范围内得到了广泛应用。然而，ESP 教学仍然面临着一些挑战，需要教育工作者和学者共同努力，不断优化教学方法、课程设计和教材编写等，以更好地满足学生的特定需求。同时，随着科技的进步和全球化的推进，ESP 教学将继续发展壮大，呈现出更加多元化和普及化的趋势。

第三节 ESP 教学中思辨能力的培养

一、ESP 教学中思辨能力培养的优势

思辨能力是指个体通过观察、分析、推理和判断等思维过程，从中获得知识和见解，进而产生新的思想和想法的能力。ESP 教学的最终目标是培养出适合社会需求的专业化人才，而不仅仅是培养他们的英语技能。在 ESP 教学中，可以培养和促进学生多方面的能力：如分析能力、推理能力、判断能力和创造能力等。在 ESP 教学中培养思辨能力，具有以下四点优势，如图 8-3 所示。

图 8-3 ESP 教学中思辨能力培养的四大优势

（一）培养目标和人才需求保持一致

ESP 教学的培养目标是为学生提供与其专业领域相关的英语语言技能和知识，使其能够在工作中应对实际需求，成为适应社会发展的专业化人才。人才需求是指社会对特定领域专业人才的需求，这些人才需要具备一定的专业技能和知识，能够在相关领域发挥作用。在实际情况中，ESP 教学的培养目标和人才需求之间具有一致性。

在当今社会，专业人才需要具备多元化的能力，如跨领域协作能力、解决实际问题的能力、创新能力等。ESP 教学强调的与专业领域相关的英语语言技能和知识的培养，可以帮助学生获得更多的知识和技能，从而提高其专业化和多元化能力，使其更好地适应现代社会的需求。因此，通过 ESP 教学的实施，可以为学生提供更符合社会需求的专业化培养，使其成为适应社会发展的专业人才。

ESP 教学的培养目标是为学生提供与其专业领域相关的英语语言技能和知识，使其能够在工作中应对实际需求。这与社会对专业人才的需求是一致的。例如，企业需要具备商务英语能力的人才来拓展海外市场，医院需要具备医学英语能力的人才来与外国病人进行沟通，政府需要具备法律英语能力的人才来处理外交事务，等等。因此，ESP 教学的培养目标与社会对专业人才的需求是相一致的。著名学者胡文仲将我国当前对英语人才的需求划分为五种，见表 8-1。[①]

表8-1　我国英语人才的需求

一般的翻译人才	能够从事一般翻译工作的人才。
高层次翻译人才	能够从事难度较高的翻译工作的人才，如外交翻译、文学翻译、双语翻译、同声传译的人才。
研究型人才	在语言学、文学、文化研究等层面能够从事研究的人才。
师资人才	能够从事英语教学的人才。
复合型英语人才	掌握基本的法律、经贸、金融、新闻、管理等知识的英语人才，并能够在这些领域从事相应的工作。

英语专业的培养目标是通过英语教育提高学生的语言技能和国际视野，使其成为适应国际化发展的复合型人才。这一目标是比较宽泛的，但不同领域的人才需求对毕业生的能力要求存在着巨大的差异性，因此难以具体针对五类人才需求进行精准的培养。在英语专业的教学实践中，由于无法预知未来学生的职业需求，往往难以有针对性地对学生展开教学，导致教学效果不佳。

随着社会对专业化人才的需求不断提高，英语教育也已经不断调整，加强了专业性和实用性，明确了针对特定领域的英语教育目标和培养要求，这对 ESP 教学具有重要意义。

这些专业英语大纲的出现，不仅加强了高校 ESP 教学的针对性，而且明确了专业知识和技能的重要性。这些目标不仅仅针对前面所述的五

[①] 胡文仲.英语专业"专"在哪里？[J].外语界，2008(6):18-24.

种需求的第五项内容，还指明了要具有复合的专业知识这样的目标不仅加强了高校 ESP 教学的针对性，还明确了专业知识的重要性。

因此，ESP 教学的培养目标和人才需求之间具有一致性，这就有利于培养学生的思辨能力，并可以使其具体化。学生通过 ESP 教学后，可以在实际应用中更好地发挥英语技能的作用，提高其作为复合型人才的综合素质。因为培养复合型人才需要学生具备广泛的知识和能力，能够从不同角度看待问题，并能够进行有效的沟通和交流。因此，在 ESP 教学中培养学生的思辨能力具有巨大的优势。

（二）课程设置多元化

大多数高职英语专业的课程设置，着重于提高英语水平，注重语言技能和语言知识的课程。这种课程设置缺乏针对专业领域的知识和技能培养，以及涉及人文和社会科学领域的课程，难以满足现代社会复杂需求的多元化和综合性。

然而，ESP 教学的出现增加了多元化的课程设置，注重培养学生的专业知识和提升学生的思维能力。例如，商务英语专业的课程设置将课程划分成四个课程群，分别是语言知识与技能课程群、商务知识与技能课程群、跨文化交际课程群和人文素养课程群。在 ESP 教学中，商务英语专业的课程设置是通过增加商务知识与技能课程群和人文素养课程群的比重，来降低语言知识与技能课程群的比重，这种设置有利于培养学生的专业知识和提升学生的思维能力，可以使学生更好地应对复杂多变的商务环境。

此外，ESP 教学还设置了不计入总课时的毕业论文设计与专业实习。与传统英语课程相比，这种课程设置更加注重提高学生的专业素质和思辨能力，可以更好地满足社会对英语专业人才的需求。

（三）适合开展内容依托式教学

内容依托式教学，是将语言教学与学科知识相结合的教学模式。相比于传统的听、说、读、写、译的训练模式，内容依托式教学更能够激发学生的兴趣和积极性，有助于学生思维能力的培养和语言水平的提高。

在过去，英语专业的听、说、读、写、译教学也能够实行内容依托式教学。然而，由于教材的限制，教学内容相关性和逻辑性较差，难以对学生思辨能力的培养产生重要的影响。而 ESP 教学则具有专业知识背景和内在逻辑的教学材料，这使得内容依托式教学更加适合。此外，ESP 教学注重培养学生的专业能力和素养，也更加适合内容依托式教学。

杨德祥、赵永平的研究表明，以"国际贸易实务"课程为例，内容依托式教学能够有效地提升学生的思辨能力。[①] 他们认为，这主要是因为该课程以国际贸易实务专业知识内容为依托，设计互动式的课堂活动，鼓励学生进行分析和讨论等思维活动，同时引导学生质疑和为自己的观点辩解，从而提升学生的思辨能力。

（四）学生可以实践检验教学成果

学生可以通过学习获得一定的知识，但是学生的学习成果如何呢？在 ESP 教学中，学生会有参与实践活动的机会。正所谓，实践是检验真理的唯一标准，学生需要通过实践验证学习成果。在学生的实践过程中，学生可以对所学的知识进行反复碰撞，不断检验自己的结论是否正确。这样的反复碰撞过程可以推动学生思辨能力的提高，让学生更加深刻地认识和理解问题，从而进一步提高自己的思辨能力。

学生在接受 ESP 教学后，经过实践，可以对自身的学习效果进行持续的评价。评价的主要目的是让学生能够对自己的学习情况进行认知和反思，从而不断改进和提高学习效果。评价过程需要学生进行思辨和判断，这是一个提高思辨能力的重要环节。学生在进行自我评价的过程中可以通过逻辑思考、有效推理和合理评价等来对学习现状进行分析和判断。学生可以更加准确地评价自己的学习效果，从而有针对性地调整自己的学习方向和方法。

---

① 杨德祥，赵永平.内容依托式教学对英语专业学生思辨能力的影响[J].外语教学，2011(5): 61-64.

二、ESP 教学中思辨能力培养的策略

显而易见，ESP 教学中培养思辨能力有着重要的意义和优势。因此，我们必须掌握恰当的途径来在 ESP 教学中培养学生的思辨能力。具体而言，需要从目标设定、教学方法、教学内容教学评价上进行思辨能力的培养。

（一）目标设定上明确思辨能力培养的地位

如前所述，当前的英语专业大多注重对学生知识和技能的培养，而对于学生更高级的思辨能力培养较少。因此，有必要在人才培养目标层面上，将思辨能力培养的地位予以明确，使思辨能力培养成为学生能力培养的重要一环。在课程大纲的设置上，也要将思辨能力的培养作为核心目标，同时在专业课程设置上，对其做出统筹安排。

在 ESP 课程的目标设定中，明确要求学生能够运用批判性思维和创造性思维解决问题，以培养其思考能力和判断能力。

（二）教学方法上注重思辨能力的培养

当前，在 ESP 教学中，应该广泛使用的是任务型、项目型教学模式，这些模式有助于培养学生的技能。在实际的 ESP 课堂中，任课教师也可以开展课内讨论、小组辩论等，启发学生展开思考，培养学生的思辨能力。

比如，可以在课堂上进行讨论和辩论，可以激发学生思考的热情，同时也可以培养其批判性思维和判断能力。例如，在英语口语课程中，可以通过小组讨论的方式，让学生就一个话题进行辩论，锻炼其口头表达和思考能力。

老师可以通过启发性问题、案例研究、探索性实验等方式，鼓励学生自主学习。在这个过程中，学生需要独立思考并找到问题的解决方案，从而促进思辨能力的提高。

老师可以让学生自己探究问题、搜集信息、研究数据、分析现象、总结规律等。通过这种方式，学生可以不断提出问题、寻找答案、评估解决方案，从而锻炼自己的思辨能力。

老师可以通过让学生开展课题研究、解决实际问题、提出新的理论或构想等，引导学生进行创新性思考，并培养他们的创造性和创新性思维。老师可以通过让学生在小组中互相学习、协作研究、共同解决问题等，促进学生之间的互动和合作，从而帮助学生提高思辨能力。

（三）教学内容上注重学生思辨能力的渗透

通过课程安排，引导学生进行独立思考和研究，培养他们的批判性思维和解决问题的能力。例如，在商务英语课程中，可以引导学生自主选择商务主题并进行研究，从而锻炼他们的独立思考和判断能力。

在 ESP 课程中，可以设计一些思考性的任务和项目，鼓励学生进行独立思考和创造性思维。例如，在医学英语课程中，可以设计一个病例分析的项目，要求学生通过对病例的分析和判断，提出治疗方案，培养他们的思考能力和判断能力。

在教学内容的选取上，英语 ESP 教学应该选择与学生认知能力相符以及注重学生思辨能力培养的内容。

（四）教学评价上注重学生思辨能力的考查

在教学评价上，ESP 教学应该注重培养学生的主观思想以及创造性思维。传统的标准化考核只注重学生对基础知识的掌握，对学生思辨能力的考查是极其有限的。

ESP 教学可以通过反思来评价学生的思辨能力。老师可以让学生对自己的思考和解决问题的方法进行反思，以便了解学生的思维模式和思考过程。老师可以使用定性评价，如评估学生的批判性思维、问题解决能力和创新性。

老师可以使用开放性问题，如探索问题的多种可能解决方案或通过分析实际情况来解决问题等，以评估学生的思辨能力和创新性思维。

参考文献

[1] 教育部高等教育司 . 高职高专教育英语课程教学基本要求（试行）[M]. 北京：高等教育出版社，2000.

[2] 刘广宇，王运华 . 英语课程体系构建与教学改革研究 [M]. 长春：吉林人民出版社，2020.

[3] 邓静子，朱文忠 . 商务英语课程体系研究 [M]. 上海：上海交通大学出版社，2016.

[4] 李莉文 . 英语写作教学与思辨能力培养研究 [M]. 北京：外语教学与研究出版社，2011.

[5] 王婷婷 . 职业本科院校大学英语课程设计与创新 [M]. 长春：吉林人民出版社，2019.

[6] 陈则航，邹敏，陈思雨 . 英语写作中的思辨能力表现研究 [M]. 北京：外语教学与研究出版社，2018.

[7] 隋晓冰 . 网络环境下大学英语课程教学优化研究：基于佳木斯大学的实证研究 [M]. 上海：复旦大学出版社，2016.

[8] 严明 . 评价驱动的大学英语课程教学管理理论与实践 [M]. 哈尔滨：黑龙江大学出版社，2012.

[9] 袁平华，谭涛，龚沁怡 . 基于学科内容的线上线下"金课"教学模式对大学生英语应用能力和思辨能力影响研究 [J]. 外语与翻译，2022，29（4）：73-79，98.

[10] 李丝贝 . 课程思政背景下地方应用型高校大学英语听说教学中的思辨能力培养研究 [J]. 遵义师范学院学报，2022，24（6）：139-142，151.

[11] 郭威.基于课程思政的应用型工科院校学生思辨能力培养研究：以大学英语精读教学为例 [J].山西能源学院学报，2022，35（6）：46-48.

[12] 刘巧艺.基于思辨能力和演讲力培养的英语演讲课程混合式教学模式探究 [J].海外英语，2022（22）：145-147.

[13] 杨娟.大学英语听力教学中思辨能力培养 [J].海外英语，2022（22）：188-190.

[14] 刘素琴.课程思政背景下促进学生思辨能力发展的策略研究：以综合英语课程为例 [J].新乡学院学报，2022，39（11）：66-69.

[15] 刘静.大学英语教学中学生思辨能力的培养 [J].英语广场，2022（33）：87-90.

[16] 戴玉珊.融入思辨能力的英语写作教学研究 [J].绥化学院学报，2022，42（11）：120-121.

[17] 颜奕.国外教育机构对中国学生英语能力及相关测试的需求分析 [J].外语学刊，2022（6）：97-102.

[18] 王倩.基于"新工科"人才的大学英语写作教学中思辨能力培养 [J].辽宁省交通高等专科学校学报，2022，24（5）：84-87.

[19] 智敬谊，闫卫娟.浅谈英语教学中培养学生思辨能力的方法 [J].河南教育（教师教育），2022（10）：65.

[20] 黄如敏.大学英语与"课程思政"相结合可行性实践研究 [J].牡丹江教育学院学报，2022（9）：71-73.

[21] 付永，李青宗，戴宁熙.任务型教学法指导下的大学英语朗诵活动探究 [J].湖北开放职业学院学报，2022，35（17）：193-195，198.

[22] 林虹.对大学英语教学思辨能力培养模式构建的研究 [J].黑龙江教师发展学院学报，2022，41（9）：151-153.

[23] 潘敏.高职公共英语教学中的思辨能力培养 [J].中国多媒体与网络教学学报（中旬刊），2022（9）：192-195.

[24] 李玉升.CLIL 视域下大学英语教学中学生思辨能力的培养 [J].教育观察，2022，11（25）：5-8.

[25] 董姝君.任务型教学法培养思辨能力的英语教学模式研究 [J].山西能源学院学报，2022，35（4）：41-43.

[26] 曹静,陈士超.以思辨能力培养为导向的专门用途英语教学模式探索[J].
吉林农业科技学院学报,2022,31(4):97-99,108.

[27] 陈倩.基于"四层学习身份模型"的英语专业思辨阅读教学设计[J].英语广场,2022(21):110-113.

[28] 白婧.基于思辨能力培养的《高级英语》教学探究[J].海外英语,2022(13):83-84,87.

[29] 王芮琪,李想.我国近十年(2011—2020年)英语教学中思辨能力培养的研究综述[J].黑龙江教育(高教研究与评估),2021(7):68-70.

[30] 孙娅.高校英语教学中学生思辨能力的培养:评《高校英语教学与思辨能力培养》[J].中国教育学刊,2022(7):111.

[31] 刘晴.基于学生思辨和创新能力培养的混合式教学研究:以"大学英语"课程为例[J].科教导刊,2022(19):86-88.

[32] 张雪.新《大学英语教学指南》指导下的学生思辨能力培养探究[J].内江科技,2022,43(6):87-88,27.

[33] 匡荣.高校英语专业综合英语教学中学生的思辨能力培养:评《高校英语教学与思辨能力培养》[J].科技管理研究,2023,43(3):257.

[34] 南波.语言的复杂与创新:英语专业精读课思辨能力的融合教学:以《大学思辨英语精读1》第一课 Text A 为例[J].海外英语,2023(3):113-115.

[35] 韩俊平.公共外语教学与思辨能力培养:一项基于研究生公共英语课程教学改革的行动研究[J].河南教育(高等教育),2022(6):62-64.

[36] 王曼营,陈燕琴,谢雅涵.POA视域下综合英语课程教学创新探究[J].英语广场,2022(17):98-100.

[37] 杨茹.核心素养导向下的高校学生英语思辨能力的培养:评《高校英语教学与思辨能力培养》[J].当代教育科学,2021(7):97.

[38] 孙娟,王红梅."读议写"教学模式下提升英语专业学生思辨能力的策略[J].英语广场,2022(17):108-110.

[39] 张弘.以思辨能力培养为指引的大学英语写作教学分析[J].高教学刊,2022,8(14):90-93.

[40] 范璐 . 基于产出导向法的大学英语教学设计对学生思辨能力影响的实证研究 [J]. 英语广场，2022（14）：71–77.

[41] 郭静，何英 . 大学英语演讲教学提升学生思辨能力的行动研究：以新疆财经大学非英语专业学生为例 [J]. 英语广场，2022（14）：80–85.

[42] 马阳 . 论英语动词名物词的理解及其对英语词义教学的启示 [J]. 英语广场，2022（12）：60–62.

[43] 刘雪 . 高职公共英语课程跨文化思辨教学路径探究：基于课程思政理念 [J]. 重庆电子工程职业学院学报，2022，31（2）：1–5.

[44] 朱新燕 . 高职院校英语教学跨文化思辨能力培养模式探析 [J]. 中国多媒体与网络教学学报（中旬刊），2021（8）：99–101.

[45] 白瑞 . 思辨能力培养下的初中英语听说教学策略研究 [J]. 吉林省教育学院学报，2022，38（4）：168–171.

[46] 赵敏 . 以思辨能力培养为导向的多模态大学英语教学研究 [J]. 中国民族博览，2022（7）：165–167.

[47] 肖坤雪，邓雪梅 . 英语师范专业写作教学中培养思辨能力的研究 [J]. 重庆第二师范学院学报，2021，34（5）：123–126.

[48] 黎畅 . 以思辨能力为导向的综合英语线上线下混合式教学设计和实践 [J]. 海外英语，2022（5）：131–133.

[49] 杨馨 . 英语专业四级考试中思辨能力的考查探析与教学启示：以 2016 至 2021 年阅读题型为例 [J]. 四川文理学院学报，2022，32（2）：94–100.

[50] 李倩 . 跨文化视角下大学英语思辨式阅读教学方法探析 [J]. 英语广场，2022（6）：83–85.

[51] 张莉 . 高职英语课程教学设计探索与实践：以《大学英语》课程为例 [J]. 海外英语，2022（4）：226–227.

[52] 杜丽 . 论高中英语写作教学中学生思辨能力的培养 [J]. 海外英语，2022（4）：128–129.

[53] 左苗苗 . 课程思政引领下中小学英语教师思辨教学认知调查 [J]. 贵州工程应用技术学院学报，2022，40（1）：148–154.

[54] 吴琼.以思辨能力为导向的高校英语专业测评模式探索 [J].辽宁经济职业技术学院.辽宁经济管理干部学院学报，2021（5）：109–112.

[55] 刘宝强，孙静，高莉莉，等.基于中国英语能力等级量表的大学英语思辨能力培养研究 [J/OL].中国教育技术装备：1–4[2023–03–31].

[56] 邵文佳，徐蔚.基于跨文化思辨能力培养的汉语国际教育专业"综合英语"课程教学探索 [J].林区教学，2021（7）：83–86.

[57] 卢凝.高校英语教学中学生思辨能力的培养策略 [J].黑龙江教师发展学院学报，2022，41（1）：154–156.

[58] 周树涛，孙宇.以英语专业思辨能力培养为目标的教学模式研究以《英语写作》课程为例 [J].品位·经典，2022（1）：145–147，160.

[59] 孙建萍.混合式教学模式下大学英语读写课程思辨教学策略与路径研究——以《新视野大学英语读写教程》（第三版）为例 [J].英语广场，2022（2）：112–114.

[60] 黄月婵，汪艳萍.大学英语课程教学创新设计：以 John Bul Dau and "the Lost Boys of Sudan" 为例 [J].内江科技，2021，42（12）：38–39，136.

[61] 杜凤兰.以思辨能力为导向的英语专业写作教学探究 [J].辽宁工业大学学报（社会科学版），2021，23（4）：131–135.

[62] 孙秋月.面向思辨能力培养的文体学模式行动研究：基于"综合英语"课程教学 [J].河北科技师范学院学报（社会科学版），2021，20（4）：91–97.

[63] 张晓嘉.提升高职学生英语思辨能力的策略研究：以《公共英语》教学为例 [J].海外英语，2021（23）：202–203.

[64] 韩玮.在英语深度阅读教学中高职学生思辨能力的培养 [J].中国多媒体与网络教学学报（中旬刊），2021（12）：111–113.

[65] 孙建萍.分级教学改革模式下大学英语思辨力培养策略研究 [J].英语广场，2021（34）：109–111.

[66] 刘颐琳.基于思辨力培养的大学英语说服性演讲教学模式构建 [J].教育评论，2021（11）：149–153.

[67] 赵华俊.浅谈学生思辨能力培养的英语语言学的教学对策：评《认知语言学与二语教学》[J].热带作物学报，2021，42（9）：2843-2844.

[68] 裴蕾.创新创业教育背景下英语思辨能力培养初探[J].海外英语，2021（22）：151-152.

[69] 蔡文杰，柳亚杰.思辨能力在商务英语教学中的培养策略探究[J].海外英语，2021（21）：195-196，202.

[70] 杨娜.大学英语教学中学生思辨能力的培养研究[J].哈尔滨职业技术学院学报，2021（6）：152-154.

[71] 张丽.基于产出导向法的"写作＋思辨"教学对英语专业学生写作能力的影响[J].成都师范学院学报，2021，37（10）：47-55.

[72] 赵璐，侯静，杨洋，等.思辨能力培养为导向的英语听说课翻转混合式教学模式的构建[J].北华航天工业学院学报，2021，31（5）：39-41.

[73] 杨卫华.语言经济学视角下大学英语教学中思辨能力培养的有效途径探究[J].财富时代，2021（10）：149-150.

[74] 陈铭华.以思辨能力培养为导向的英语阅读课教学探究[J].河北广播电视大学学报，2021，26（5）：79-82.

[75] 姚晓超.基于思辨能力培养的高校英语教学模式探索：评《英语课堂教学模式》[J].热带作物学报，2021，42（10）：3110.

[76] 陈玲.混合式教学模式下英语专业学生思辨能力和创新精神培养策略研究——以《英语演讲与艺术》课程为例[J].安徽电子信息职业技术学院学报，2021，20（5）：87-90.

[77] 许莉莉，龙娟.基于内容为依托的大学英语思辨能力培养研究[J].海外英语，2021（19）：170-171.

[78] 孙志永.高校外语教育中的思辨能力培养：评《高校英语教学与思辨能力培养》[J].新闻爱好者，2021（5）：111-112.